JN410027

우리의 모든 이야기는

우리가 쓰게 되겠지

우리의 모든 이야기는 우리가 쓰게 되겠지

발 행 | 2021년 11월 11일

엮은이 | 임수현
펴낸이 | 신중현
펴낸 곳 | 도서출판 학이사
출판등록 : 제25100-2005-28호
주 소 : 대구광역시 달서구 문화회관11안길 22-1(장동)
전 화 : (053) 554~3431, 3432
팩 스 : (053) 554~3433
홈페이지 : http://www.학이사.kr
이 메 일 : hes3431@naver.com

ISBN_ 979-11-5854-330-3

작은 서점 지원사업 삼일문고 작품집

우리의 모든 이야기는 우리가 쓰게 되겠지

김경민 김근태 김민선 김채현
류효인 박결이 박예희 박진선
서찬양 서형준 신현희 우진숙
유영지 임혜미 진찬호 황희순

學而思 | 학이사

/차례/

〈여는 글〉

글을 쓴다는 것의 의미를 책을 쓰기 전까지는 몰랐습니다. 저도 책을 출간한 적이 있는데 책을 쓰면서 글쓰기의 참 의미와 내면의 단단한 힘을 느껴보았습니다.

그때 무슨 생각을 했고 어떤 기분이었는지는 글을 써봐야 알 수 있었습니다. 개인적인 경험을 글로 쓰면서 다른 사람과 소통하고 때로는 공감하면서 나와 타인에 대한 이해도가 깊어졌습니다.

서점이 단순히 책을 사는 곳이 아니라 사람과 사람을 잇는 소통 창구로의 역할이 필요하다고 생각했습니다. 그동안 독서 모임, 읽기 모임 등이 있었지만 기록되지 않는 모임은 시간이 지나면서 차츰 잊혀 갔습니다. 하지만 글쓰기 모임은 글을 남길 수 있습니다. 시간이 지난 후에도 이 시간을 되돌아볼 수 있는 흔적들 말입니다.

개인 기록이 아닌 책으로 엮여 독자를 만난다는 것이 어떤 의미인지 느끼게 해드리고 싶었습니다. 일 년 동안 임수현 시인님과 함께한 기록들을 책으로 출간합니다. 비록 판매는 저희 서점에서만 이루어지고 많이 팔리지는 않겠지만 책으로 본인의 글을 만나는 색다른 의미는 전해질 것이라 믿습니다.

이번 출간이 한 번에 그치지 않고 삼일문고만의 하나의 전통이 되길 바라며, 한 해 동안 있었던 여러 모임의 글이 모여서 책으로 출간된 것을 진심으로 축하드립니다.

글을 기고해 주신 모든 분과 수고해 주신 임수현 시인님께 감사드립니다.

김기중

삼일문고 대표

#〈작가 에세이〉

우리는 진보할 거니까

〈임수현 작가와 함께 하는 치유의 글쓰기〉 포스터가 서점 입구 벽면에 붙어 있습니다. 그 앞을 지날 때마다 나는 내가 아닌 것처럼 지나칩니다. 내가 글쓰기를 누군가에게 가르칠 수 있는 사람인가…… 잘 모르겠어요. 글쓰기는 배우고 가르칠 수 있는 일이 아니라고 생각하지만 그럼에도 불구하고 우리는 모여 글을 씁니다. 글을 쓰면서 내가 누구인지 알아가니까요. 쓰지 않으면 알 수 없는 것들이 많으니까요.

대체로 글쓰기 시간에 오는 분들은 뭔가 할 말이 있는 분들이에요. 그렇지 않고서야 많은 저녁 강좌 가운데 글쓰기 강좌에 올 리가 없지 않겠어요. (양초 공예, 캘리그라피, 요가, 쿠키 만들기, 기타, 중국어, 홈패션 이런 재미난 강좌를 두고) 나는 그분들에게 이름이나 직업, 가족관계 등을 질문하지 않아요. 그건 글로 보여주면 되니까요. 강좌가 끝날 때쯤 말은 안 해도 대충 그분들의 일상을 알게 됩니다. 내가 누구인지는 글로 보여주고 서로는 글로 알아가면 되잖아요.

상주작가가 되면서 이런 강의들을 몇 개 더 맡게 되었습니다. 서점에 오는 다양한 분들의 특성을 고려해 '시 읽기 모임'도 하고 '기록하는 독서회'도 합니다만 결국엔 다 글을 쓰는 일이에요. 돌아와 침대에 누우면 회원들이 쓰신 글들이 찬찬히 떠오릅니다. 보통은 30대 초반부터 50대 초반의 직장인이세요. 가운데는 등단을 꿈꾸는 분들도 계시고 독립출판물을 내고 싶어하는 분들도 계시지요. 첫 시간 왜 글쓰기 강좌에 오시게 되었는지 돌아가며 이야기하는 시간을 가졌어요. 앞만 보고 살다 보니 자신이 점점 사라지는 느낌이 들었다는 말이 가장 기억에 남아요. 그래서 뭔가 기록하고 싶다고. 저는 그 마음이 뭔지 알 것 같아요. 그래서 간혹 이분들께 재미있는 수업이 되지 못할까 걱정하기도 하고 내가 한 말이 맞을까? 의심도 많이 합니다. 재미있는 건 글쓰기를 해 보면 무슨 생각을 하고 무슨 일을 하는지가 드러나는데요. 돌아가며 자신이 쓴 글을 읽어야 한다고 하면 모두 처음엔 놀라는 눈치입니다. '읽는다고?' 가운데는 "선생님, 매도 먼저 맞는 게 낫

다죠. 제가 먼저 읽을게요." 나서 주는 분이 있으면 다행인데, 그렇지 않으면 나와 가까운 곳에 앉은 분부터 돌아가며 읽도록 하죠. 처음 시작은 다들 겸손하셔요. 처음 써 봐서 두서가 없다, 쓰다 보니 무슨 말을 썼는지 잘 모르겠다 등. 나는 그런 말에 "맞아요. 글쓰기는 원래 그런 거예요."라고, 조금 마음이 풀어지면 한 사람씩 읽습니다. 담담하게 읽다가 어느 순간에 정적, 목소리가 목을 꽉 메우고 있어 어떤 소리도 나올 거 같지 않습니다. 웁니다. 한 사람이 울면 여기저기서 훌쩍이는 소리가 들리죠. 누군가는 얼른 달려가 티슈를 찾아오거나 누군가는 가방에서 티슈를 꺼내 옆 사람에 건넵니다. 나는 이런 글쓰기 시간이 좋아요. "내가 왜 이러는지 몰라? 제가 눈물이 별로 없는 사람인데 말이죠. 웬일이래요." 눈가에 맺히는 눈물이 결국엔 뺨을 타고 흘러내려요. 우리 모두 같은 마음이니까 그 마음 아니까. 잠시 같이 울어줍니다.

나는 그게 나를 위한 치유적 글쓰기의 목표라고 생각합니다. 우리는 삶에서 타인을 완벽한 이해도 위로도 해줄 수 없지요. 다만 공감해줄 수 있지 않을까요? 진짜 위로는 우는 사람 곁에 함께 울어주는 사람이라 하지 않던가요. 나는 이 수업이 그래서 좋습니다. 내가 위로받는 느낌이 든다고 할까요. 불행이 나를 향해 기다렸다는 듯 달려오는 것이 아니라 우리 모두를 향해 공평하게 온다는 변함없는 사실. 삶이란 원래 슬프고 외롭고 쓸쓸하다는 걸 알려주고 가거든요. 그러나 슬픔도 자랑이 되는 순간, 우리는 모두 괜찮아질 수 있습니다. 조금 용기만 내면 더 괜찮은 사람이 될 수 있어요. 나는 이것이 이 글쓰기의 목표가 되었으면 좋겠습니다. 자! 그러니 여러분, 지금부터 10분 동안 손을 움직이세요. 생각하지 말고 그냥 손이 가자는 곳으로 따라가 보세요. 오늘도 우리는 조금 앞으로 나아갈 거니까요.

임수현

삼일문고 상주작가

〈서점 직원 에세이〉

서점은 우리들의 해방구

코로나 시대가 도래하기 전, 서점에 둘러앉아 책에 관한 이야기를 나누는 목소리를 듣는 일은 일상적인 일이었다. 손님들은 서로에게 책을 추천하기도 하고, 책에 대한 자신의 감상을 나누면서 책과 서점을 자신의 일상에 들여놓았다. 지금은 코로나로 인해 대규모 강연이 어렵고 사람들을 만나는 일에 기쁨보다는 걱정과 두려움이 앞서게 되었지만 작은 서점 지원사업 덕분에 꾸준히 진행할 수 있었던 소규모 모임은 서로의 안녕을 묻고 서점과 책에 대해 갖고 있는 애정을 확인할 수 있는 시간이었다.

'시 읽는 밤', '나를 위한 치유적 글쓰기', '청소년 디딤돌 글쓰기 모임' 등 다양한 모임이 서점에서 진행되었지만 그중 기억에 가장 남는 모임은 '시 읽는 밤'이었다. '시 읽는 밤' 모임에 참여한 분들은 작가님이 준비한 시를 소리 내 낭독하고, 그들의 감상을 나누었다. 다양한 삶의 모양을 가진 분들이 일주일에 한 번, 서점에서 만나 같은 시 한 편을 나눠 읽고 각자의 감상을 나누는 모습은 평화롭고 다정해 보였다. 단지 시를 읽는 것에만 그치는 것이 아니라 시를 써보기도 하고, 또 자신이 쓴 시를 발표하면서 시를 읽는 사람과 쓰는 사람의 경계 없이 '시'와 함께하는 시간이기도 했다. 조용한 평일 저녁, 시를 읽고 시의 언어로 자신을 표현하는 목소리들은 사뭇 가라앉은 서점의 공간에 활기를 불어넣었다.

모임이 세 번에 나뉘어 진행되는 동안 모임에 지속적으로 참여하시는 분들이 대부분이었다. 그건 모임에 참가하신 분들의 만족도가 높다는 뜻이기도 했고, 한편으로는 여전히 우리에게는 서로 마주 보고 책과 그에 관한 이야기를 나눌 수 있는 공간이 필요하다는 뜻으로 이해되기도 했다. 참가하신 분들께 그 시간이 다음을 기약하고 싶을 만큼 일상의 작은 즐거움이 되었다면 그 공간을 지키고 있었던 시간이 내게도 충분히 기쁘고 보람 있는 시간이었다.

남진실
삼일문고 직원

우리를 울게 하는 모든 것

우리를 울게 하는 모든 것
– 치유를 위한 글쓰기

(2021년 4월~2021년 10월 격주 화요일 수업)

시는 몸에서 바로 꺼내야 해요. 시를 쓸 때 생각에 의지하면 항상 늦어요. 생각보다 말이 먼저 나가도록 하세요. 머리가 개입하지 못하도록 빨리 쓰세요. 시에서 리듬이 강해지면 의미가 희박해져요. 그건 머리보다 몸이 먼저 나갔다는 증거예요.

— 이성복, 『무한화서』 가운데

손끝으로 쓰고 마음으로 읽다 〈10분 글쓰기〉

사자 이야기

서찬양

그 날, 사자가 죽었다. 동물원에서 지내던 사자가 죽었다는 소식이었으면 얼마나 좋았을까. 죽은 사자의 이야기가 아무렇지 않게 느껴진다는 뜻은 아니다. 동물원에서 죽음을 맞이한 사자에게도 어떤 식으로든 삶의 굴곡이 있었을 것이다. 사람의 손에 이끌려 부모, 형제, 고향을 떠나온 사자일 수도 있고, 한국에서 태어나 아프리카 대륙 따윈 밟아본 적 없는 교포 2세 사자일 수도 있을 것이다. 그래도 그들은 한때 왕성한 생명력을 자랑하던 자기의 모습을 기억하며 저세상에 갔을 것이다. 그래서 나는 뉴스에 나온 OO 동물원 사자의 죽음을 접하면 그냥 끄덕끄덕만 한다. 그 날 사자(死者)가 된 사자를 생각하면 나는 더 이상 깊이 슬퍼할 수가 없다. 나는 그럴 수밖에 없다.

사자는 중학교 3년 동안 같이 피아노 학원을 다닌 두 친구 중 한 명의 별명이었다. 뽀얀 살결 위에 돋아난 여드름은 늘 울긋불긋하게 두 뺨에 소복

했고, 매직펌으로 겨우 편 악성 곱슬머리를 오대오 가르마를 타서 양쪽 귀 옆으로 내린 아이였다. 머리카락 색깔이 다른 아이들이랑은 사뭇 다른 밝은 갈색이어서 선생님으로부터 "너 염색했냐?"는 타박 섞인 소리도 종종 듣던 친구였다. 사춘기 여학생이 들으면 그닥 좋아할 것 같지 않은 별명을 노다지 불러대도 그녀는 언제나 사람 좋은 웃음을 지었다.

그녀는 유난히 큰 손과 긴 손가락을 가졌다. 7교시 종례를 마치고 피아노 학원 문을 들어서는 세 명 중에 그녀는 가장 키가 컸다. 150cm 중반의 나는 45도 위를 올려다보며 그녀와 이야기를 나누었다. 그리고는 틈틈이 그녀의 연습 장면을 훔쳐보았다. 사실 연습실의 피아노 의자에 앉아 사자의 연주를 넋놓고 듣는 일이 더 많았다.

중학교 3학년의 어느 날, 도에서 파까지 한꺼번에 닿는 그녀의 손가락을 보고 나는 결심했다. 나는 공부가 살 길이다. 우리를 함께 가르쳐주시던 선생님은 나에게는 예고 진학을 권하지 않으셨다. 아무리 내가 피아노 레슨을 10년만 받고 그만두겠다고 말했다 하더라도 정말 내 재능이 아까웠다면 선생님께서도 다시 생각해보라고 내게 권했을 법도 한데, 선생님은 나에게 한 번도 예술의 길을 언급하지 않으셨다. 선생님의 태도 - 사자의 예고 입시를 도우면서 나에게는 끝까지 조용하시던 선생님의 말짓, 몸짓 -을 통해 나도 내 한계에 대해 어렴풋이 짐작은 하고 있었다.

그렇지만 혹시라도 이 곳에 내 갈 길이 있지 않을까 하며 기웃거리던 내 앞을 사자의 큰 손이 가로막았다. 도에서 도까지는 무난하게 짚을 수 있지만 레까지는 무리인 내 손뼘, 그래도 해보겠다고 억지로 펼쳐보인 내 열 손가락을 사자의 두 손이 얌전히 오므려주었다. 그 후 나는 한 번도 피아니스트의 길을 돌아보지 않았다.

2002년, 그렇게 우리는 중학교를 졸업했다. 나는 외고, 사자는 예고로 떠났다. 갈색 교복을 입은 나와 파란색 교복을 입은 그녀는 갈 길이 달랐기에 더 이상 만날 일이 없을 거라고 생각했다. 그 날이 오기 전까지는.

2003년 2월, 삐삐도 핸드폰도 없이 기숙사에서 지내던 나는 바깥 세상의 소식에 둔감했다. 기껏해야 쉬는 시간에 조간신문을 몇 자 넘겨보거나 기숙사의 공중전화로 부모님 또는 친구들에게 한두 통 전화를 하면서 듣는 세상 소식이 전부였다.

그 날도 평범한 토요일 저녁이었다. 기숙사 식당에서 룸메이트들과 저녁식사를 하고 방으로 올라가는 길에 때마침 공중전화가 비어 있었다. 엄마에게 전화를 했다. 잘 있나, 잘 있다, 필요한 건 없나, 먹을 거랑 옷만 있으면 된다. 평범하기 짝이 없는, 그러나 꼭 해야 하는 말들을 우리는 수화기 너머로 핑퐁핑퐁 주고받았다.

그럼 잘 지내세요. 내가 전화를 끊으려는 순간, 아참… 하며 엄마가 사자의 죽음을 전해주셨다. 너랑 피아노학원 같이 다니나가 예고 간 큰 아이 있다 아이가. 걔가 대구 지하철에서 그만 죽었다 카드라. 왜관 사람 중 몇몇이 거기 탔었는데, 살았는 사람도 있고 죽은 사람도 있어. 걔는 죽기 전에 엄마한테 문자를 보내서 죽은 게 빨리 파악이 됐대. 그게 내가 2년여 만에 들은 사자의 소식이었다.

엄마의 전화를 어떻게 끊었는지는 기억이 나지 않는다. 순간 떠오르는 전화번호 중 엄마가 전한 이 소식에 대해 잘 알 것 같은 친구의 번호를 침착하게 눌렀다. 그리고는 친구가 수화기 너머로 전해주는 거짓말 같은 이야기를 잠자코 들었다. 믿을 수 없었다. 안타까웠다.

피아니스트 중 손이 크기로 유명한 리스트도 사자처럼 손가락이 도에서 파까지 단숨에 닿았다고 했다. 그녀는 내가 온전히 칠 수 없던 곡을 물 흐르듯 연주하던 사람이었다. 칠곡의 작은 마을 연화에 사는 딸부잣집의 첫째였던 사자, 그녀는 어릴 때부터 얼마나 빛나는 재능을 보였기에 그녀의 부모님이 그 많은 자식들을 뒤로 하고 그녀가 피아니스트의 길로 가길 바라셨을까. 우리 부모님의 지갑은 예술로 나를 뒷바라지하기엔 많이 얇다는 것을 나는 알고 있었다. 그래서 나는 모르긴 몰라도 사자네 집은 돈이 많은가보다, 재능도 있고 돈도 있으니 예술도 하는가 보다 막연히 생각했었다. 사자가 여드름이 많지 않았다면, 머리가 직모였다면, 공부를 나보다 잘했다면,

셋 중에 하나라도 현실이었다면 나는 아마도 모차르트 옆의 살리에르로 남았을 것이다. 아니, 사차르트 옆의 찰리에르였을 게다.

그 날도 그녀는 피아노 레슨을 받으러 기차를 타고 대구역에 내렸다. 하필 다른 날에 있던 레슨 시간이 그 날로 변경되었다. 그녀는 레슨 장소로 가기 위해 대곡행 지하철을 탔다. 그리고는 문자와 다급한 목소리를 남기고 19살 인생을 급하게 마감당했다.

그 때 왜 나는 그녀를 추모하러 찾아갈 생각을 못했을까. 나는 이제 막 고3이 되었고 수능은 300여 일밖에 남지 않았었다. 교대에 가려면 정시에서 수학 1등급이 나와야 하는ㄷ네 내 점수는 80점 만점에 30점이 전부였다. 유독가스 가득한 그 곳에 갔다가 혹여 어떻게 되기라도 하면 큰일이다. 사건 현장이 다 정리되면, 내 바쁜 일들이 정리되면 그때 가도 늦지 않다. 그렇게 생각했고 그런 말들을 들었다.

그리고 나는 대학생이 되었다. 왜관역에서 무궁화호 통근 기차를 타고 대구역에 내려서 총총걸음으로 지하철 개찰구로 향했다. 대구역–중앙로–명덕–교대역을 지나는 지하철을 수백 번 타고 다니며 나는 교대를 다녔다. 학교 가는 기차 안에서 마주친 중학교 동창들과 오랜만의 안부 인사와 시답잖은 농담, 요즘의 연애와 학점 따위 수다를 주고받는데 15분, 대구역에 내려서 지하철역까지 걷는데 5분, 지하철을 타고 중앙로를 통과하는데 3분이

걸렸다. 그 날 명덕역을 향하던 지하철은 중앙로에서 멈췄다. 사자의 삶도 거기서 멈추었다. 그런데 내가 탄 지하철은 매일 무사히 명덕을 지나 교대역까지 나를 데려다주었다.

동성로를 지나다닐 때마다 사자 생각이 영 안 났던 것은 아니다. 그렇다고 매일 나는 것도 아니었다. 나는 중앙로역을 수없이 오가면서도 그녀의 이름과 마지막 흔적이 있을 것으로 추정되는 그 곳, 통곡의 벽을 한 번도 찾지 않았다. 그 곳에 가볼까 생각도 해봤지만 나는 정녕 꽃 한 송이 들고 그녀의 마지막 발자국을 보고 싶지는 않았다. 내가 그리고 선망했던 사자의 연주가 여기서 끊어졌다는 사실을 인정하고 싶지 않았다. 기차를 타고 다니다 보면 마주치는 반가운 얼굴들 속에서 잇몸이 다 보이게 허허 웃으며 다가오는 오대오 가르마의 갈색 곱슬머리 소녀가 서 있는 것을 나는 보고 싶었다. 대구콘서트하우스 홀을 가득 메운 청중들의 기립박수 속에서 나도 그녀에게 휘파람을 불고 싶었다. 쟤가 내가 아는 사자 중에 젤 멋진 녀석이라고, 한 컷 사진 찍어 싸이월드 미니홈피에 자랑하고 싶었다. 그 벽 앞에 서서 사자의 이름 석 자, 이 미 영을 발견하고 나면, 이 모든 꿈이 멈추어버린 그녀를 보고 나면 나는 어떻게 해야 할지 몰랐다. 살아있는 죄스러움을 어떻게 감당할지 두려웠다.

그녀의 흔적이 남은 동성로는 한동안 꽤 신경이 쓰였다. 가보지 못하는 마음이 죄스러움에서 찝찝함으로 변해갔다. 그러다가 고향 집 창고 책장에 넣어둔 초딩 시절 일기장처럼 일상의 먼지에 묻혔다.

김애란의「잊기 좋은 이름」을 읽고 나서 가장 먼저 떠오르는 이름은 사자의 이름이었다. 김애란은 이렇게 말한다.

누군가의 문장을 읽는다는 건 그 문장 안에 살다 오는 거라 생각한 적이 있다. 문장 안에 시선이 머물 때 그 '머묾'은 '잠시 산다'는 말과 같을 테니까. 살아있는 사람이 사는 동안 읽는 중이니 그렇고, 글에 담긴 시간은 함께 살아낸 거니 그럴 거다.

이 글을 읽는 사람들은 모두 사자와 나와 함께 살았다. 비겁한 내가 십수 년 동안 마음창고 한구석에 밀어놨던 사자를 데려와서 먼지를 툭툭 털고 한 번 쓰다듬는 시간을 같이 누린 것이다. 다시는 돌아오지 않을 사자의 찬란했던 그 연주를 값없이 누리면서도 감히 질투까지 했던 나의 호사스러운 나날들, 나도 이 글을 쓰며 그때에 잠시 머문다. 빛나던 그 시간은 글 속에서 다시 살아난다.

나를 들여다보는 일이 익숙해질 때

유영지

시는 어렵고 또 어렵고 무지 어렵다고 생각하는 사람들이 아닌, 시는 좋고 읽으니 좋고 같이 읽으니 더 좋다는 사람들과 삼일문고에서 만나는 설레는 시간이다. 긴 테이블을 가득 채운 사람들, 마주하는 눈빛이 선하다. 시를 좋아하면 다 저런 눈빛을 갖게 되는 걸까. 함께 시를 읽고 서로의 얘기를 풀어내면 어느새 내 이야기 같고 우리들의 이야기 같아서 눈물을 마주할 때도 있다. 그럴 땐 내가 신기하기만 하다. 시를 읽기 위해 모여 아직은 서먹한 사람들 앞에서 왈칵 울음을 쏟아내는 내가 정말 나인가 싶어서. 내가 모르던 내가 캄캄한 밤에 무릎을 세우고 울고 있었던 건 아닐까.

'시 읽는 밤'의 임수현 시인은 우리가 뭘 좋아할지 몰라서라며 10편 정도의 시를 골고루 맛보여 준다. 우리는 시인이 준비해 주신 영양가 있고 균형 잡힌 시들을 편식없이 읽고 되새기면 된다. 이번 주 식단은 음식과 관련된 시다. 시 잘 골라주는 친절한 임수현 시인의 마음을 받아 한 줄 한 줄 되새

긴다. 몰랐던 시들이 대부분이지만 내 마음을 들여다보고 쓴 시들 같아 또 한 번 울음을 삼키며 나의 안부를 묻는 시간. 다시 오지 않을 이 밤을 놓치고 싶지 않아 28km를 달려오고 다시 28km를 음미하며 되돌아간다.

"내일 화요일이야. 일찍 퇴근해줘. 세준이랑 세훈이 밥먹이고 씻겨 놓을게. 세민이는 내일 줄넘기 안 가는 날인 거 알지?" 월요일 저녁부터 남편에게 당부를 한다. 내일은 남편의 퇴근이 늦어지지 않기를. 남편이 어쩔 수 없이 늦은 퇴근을 하면 나는 삼일문고에 갈 수 없다. 그런 날에는 시계만 쳐다보다 7시30분이 되면 나도 그곳에 긴 테이블에 의자 하나를 차지하고 있는 상상을 한다. '시 읽는 밤'의 테이블 위의 선한 눈빛들을 마주한다. 화요일 그 밤만큼은 오롯이 나를 들여다보고 싶다. 나는 민,준,훈 세 아이의 엄마이기도 하지만 유영지기도 하니까. 나의 안전한 귀가를 바라며 손 흔들어 주는 회원들과 인사하며 돌아오는 도로 위에서 오늘 읽은 시를 떠올린다. 나에게 소홀히 하지 않기를, 나를 자주 들여다보기를 다짐한다. 벌써부터 안부가 궁금한 회원님들. 저는 집에 무사히 잘 도착했습니다. 다음 주를 기다리며 남은 한 주를 보냅니다. 우리 또 봐요.

쉼표가 되어

박진선

경상북도 구미는 부족함의 도시다. 무엇인가를 배우기 위해서는 가까운 대구나 서울, 부산으로 가야만 한다고 많이들 말한다. 4년제 대학이 2개, 전문대학이 1개 있는 제법 교육시스템이 잘 갖춰진 도시라고 외지에서 학생들이 유학도 많이 온다. 그러나 정작 졸업하고 직장을 잡고 그렇게 구미살이 10년, 15년 차의 젊은 세대들은 문화적 욕구를 채우러 대도시로 간다. 나는 그런 젊은이들의 욕구와 다를 바 없지만, 나의 취미를 위해 대도시를 갈만한 열정이나 체력이 되지 않기에 포기하고 살아왔다.

그렇게 모두 내려놓고 살다가 만난 삼일문고, 그리고 '치유를 위한 글쓰기' 소식은 마음을 설레게 했다. '마음을 치유하는 글쓰기', '시 읽는 밤' 모두 신청하니 매주 화요일은 문학의 밤이 되었다. 고대하고 기다리던 수업에 참석한다. 퇴근하고 가다 보니 때로는 길이 막혀서 늦거나 일이 밀려 뒤늦게 도착하기도 한다. 회원들은 그런 나를 항상 반갑게 맞아준다.

수업을 듣다보니 같은 아파트에 사는 임혜미 님을 알게 되었다. 여기 오지 않았으면 영영 모르고 지나칠 뻔한 소중한 인연이다. 내가 늦으면 먼저 조심해서 오라 문자를 주기도 하고 못 간 날은 과제가 뭐라고 알려주기도 한다. 집에 가는 길이 같은 방향이라 수업에 있었던 일들을 얘기하며 여운을 좀 더 길게 느낄 수 있어 그게 또 좋다. 혜미님 집앞에 갔다가 우리 집앞에 갔다가 다시 혜미님 집앞에 갔다가 우리집 앞에 갔다가 그렇게 두 집앞을 왔다갔다 하며 그날 수업의 소감을 나누다 보면 한 시간이 훌쩍 지난다. 짧은 밤을 아쉬워하며 다음 주 화요일을 기약하고 헤어진다.

아름다운 글, 내 마음을 알아주는 글, 공감이 가는 구절들을 한번 접하고 나면 마음이 정화가 된다. 그 힘으로 또 일주일을 버틸 수 있다. 함께 수업받는 수강생들의 글을 함께 나누면서 또 한번 감동하고 공감하고 그러다 보면 마음이 반짝반짝 윤이 난다. 꼼꼼히 첨삭해주시는 임수현 선생님 덕분에 내 글에 잔가지를 걷어내고 힘이 실린 글이 되어간다.

성장을 해 나가는 것도 좋지만, 선별된 좋은 작품을 함께 읽고 소감을 나누고 생활 속에서 소재를 담아나가는 과정이 나의 삶에서 쉼표가 되어 매주 화요일이 기다려진다. 나의 충전의 시간이다.

문학수업을 듣는다고 하루아침에 내가 달라지지는 않을 것이다. 내가 뛰어난 문학적 소질이 있는 것도 아니고. 나는 아주 평범한 보통의 사람일 뿐이다. 그럼에도 불구하고 늘 문학수업이 기다려진다. 이 수업이 아니면 만나지 못했을 임수현 작가님과 문학친구들은 일상의 평범함을 소중하고 감사하게 만들어준 귀한 선물이다. 나는 이 선물 같은 문학친구와의 만남이 오래오래 계속되길 바란다. 수업이 끝나는 이번 겨울은 불현듯 걱정이 앞선다. 화요일 쉼표의 흔적을 찾아 퇴근하고 나도 모르게 삼일문고로 올 것만 같다.

그날의 용기, 그날의 간절함

김근태

구미에 글쓰기 수업이 있다는 걸 뒤늦게 알게 되었다. 전화로 신청을 하였지만 이미 정원이 차 후보로 올려주겠단다. 학습 인원이 되었다는 피드백을 받지 못했다. 너무 아쉬웠다. 행여나 가능할 수 있으려나 수업 시작하는 날 무작정 삼일문고로 갔다.

역시나 하지 않겠다고 한 사람은 없댄다. 아쉬운 마음에 삼일문고를 떠나지 못하고 책을 살펴보고 있는데 "잠깐만요"하고 자그만 여자분이 나를 불러 세웠다. 직원과 얘기하는 걸 옆에서 들었는데 수업에 늘 한두 사람 못 오시기도 하니 오늘 참관차 들어오는 건 어떠냐고, 나는 감사하다며 주뼛주뼛 자리에 앉았다. 조금 있으니 수업하시는 분들이 모두 오셨다. 나에게 친절하게 의자를 내어주시던 분은 임수현 시인이셨다. 일곱 분 모두가 여자분들이었다. 뭐 여자 많은데 남자 한 명이 있기는 힘들다는데…그래도 나는 꿋꿋하게!

첫 문장 쓰기, 낱말 쓰기, 글 잇기 등 생소하지만 재미있는 내용이 흥미로웠다. 내가 쓴 글에 과하도록 긍정의 리액션을 취해주시는 회원들 덕분에 나는 점점 익숙해지기 시작했고, 기분이 좋아져 이만한 기쁨을 어디서 맛보랴 싶어 그날 후 나는 후보가 아니라 주전 선수가 되었다.

'나는 기억한다', '그날이었다' 등으로 첫 문장 글쓰기 숙제를 하는데 10분 동안 손 가는 대로 따라 쓰다 보면 어머니 얘기나 내가 한때 힘들게 한 사람들 얘기가 흘러나왔다. 무던하게 내 할 일 잘 하고 살아왔다고 생각했는데 글을 써 보니 미안한 것들이 많았다. 이렇게 쓰면 되나요? 묻고 싶은 것 투성이었다. 그러나 그런 나의 질문에 회원들은 박수로 용기를 북돋아 준다. 그래서 점점 내가 더 괜찮은 사람이 되어가는 것 같다. 자리가 없다는 말에 오지 않았더라면 이 즐거움을 맛보지 못했으리라. 그날의 용기, 그날의 간절함이 오늘 이 자리에 나를 오게 한 것 같아 내 머리를 스스로 쓰다듬어 주고 싶다.

〈잊을 수 없는 음식〉

케찹계란비빔밥

서찬양

유년기의 내 최애 음식은 케찹계란비빔밥이었다. 나와 내 동생은 하루가 멀다 하고 케찹과 계란을 밥에 비벼먹었다. 기름 두른 후라이팬에 계란을 톡 깨서 넣고 휘휘 저으면 계란의 흰자와 노른자가 대충 섞이면서 익는다. 그것을 밥과 함께 그릇에 담고 케찹을 그 위에 뿌려 비비면 끝인 간단한 음식이다. 지금 생각하면 그것은 혼자 살림하랴, 연년생 애 둘 거두어 먹이랴, 아버지 셔츠 빨아 다리랴, 애들 재우고 홀치기하랴, 하루가 48시간이라도 다 할 수 있을까 싶은 일을 매일같이 해내던 엄마의 작품이었던 것 같다.

여섯 살 무렵의 나는 케찹계란비빔밥을 너무 좋아한 나머지, 용인 큰어머니 댁에 3일 맡겨져 있는 동안에도 케찹계란비빔밥을 줄기차게 찾았다고 한다. 대체 그것이 어떻게 만드는 음식이길래 다른 음식은 하나도 안 먹고 얘가 그렇게 그것을 찾냐며 큰어머니는 우리 엄마에게 전화를 걸었다. 엄마는 그게 뭔지 큰어머니께 설명을 해드리면서도 매우 부끄러웠다고 한다.

나는 그렇게 케찹을 많이 먹고 자랐으면서도 우리 아이들에게는 케찹에 밥을 비벼주지 않는다. 지금 우리 집 냉장고에도 케찹은 있지만 그것을 우리 아이들에게 '자~ 비벼 먹어라~' 하고 줄 만큼의 의지는 도무지 생기지 않는다. 케찹이 과연 어린이가 밥을 비벼먹어도 될 만큼의 좋은 성분을 가졌는지가 의심스럽기 때문이다.

시판 제품 중에서 그나마 토마토 함량이 높은 하인즈 케첩을 골랐는데도 토마토는 원료의 63%만 차지한다. 나머지 37%는 물, 설탕, 식초, 소금, 셀러리추출물, 계피추출물로 이루어져 있다. 소브산 어쩌구, 안식향산 어쩌구, 인산 어쩌구 하는 인공화합물이 들어있지 않은 것은 다행이지만 그래도 설탕이 마음에 걸린다. 뭐든지 잘 먹는 첫째가 설탕을 먹고 더 통통해지지는 않을까, 입이 짧고 단 것을 좋아하는 둘째가 단 것을 더 많이 찾지 않을까 염려가 쌓인다.

그럼 그 시절의 우리 엄마는 자식에게 설탕을 떠먹인 셈인가? 결과적으로 어느 정도는 그렇다고 볼 수 있다.

나는 뭐든지 잘 먹기로는 어디 가도 밀리지 않는 먹새(경상도 사투리로 먹새이)다. 그러나 내 동생은 내가 도저히 이길 수가 없는 존재였다. 동생은 먹새계의 another level, one of a kind였다. 이 녀석은 나와 엄마가 숨

긴 단 음식을 어떻게든 모조리 찾아내서 먹어치우는 재주가 있었다. 나는 그것을 당각이라고 부른다. 내 동생의 당각이 유달리 더 발달한 이유는 어렸을 때부터 케찹계란비빔밥을 먹었기 때문으로 추정된다. 우리 아이들을 키울 때 읽었던 육아서마다 설탕의 맛을 보는 시기를 최대한 뒤로 미루라고 가르치는 것을 보면 짐작이 가능하다.

내 동생은 단 것과 고기만 먹는 식단을 고집하다가 결국 초등 2학년 때 고도비만 진단을 받고 양호선생님의 요주의관리대상이 되었다. 엄마는 동생의 식단일지를 삼시세끼 모두 기록해서 일주일마다 한 번씩 양호선생님께 제출했다. 실제로 먹은 것을 안 먹었다고 거짓으로 써보낼 수는 없었기에 엄마는 기름진 음식, 단 음식을 반찬과 간식에서 빼려고 했다. 그러나 동생은 그 때마다 '그럼 나는 뭘 먹고 살란 말이냐'며 울부짖었다. (엄마는 그 시절의 식단일지 기록이 본인에게 얼마나 스트레스였는지 한참 후에야 고백했다.)

엄마의 고민과 동생의 배둘레햄은 함께 쌓이고 쌓였다. 4학년 때는 드디어 동생의 허리에 맞는 어린이용 바지가 없어졌다. 엄마는 읍내의 파크랜드에서 33인치짜리 아저씨 바지를 산 다음 기장을 줄여 동생에게 입혔다.

비슷한 시기에 금오랜드로 갔던 가족 나들이에서 엄마, 나, 내 동생은 함께 다람쥐통을 탔다. 나와 엄마가 같은 방향의 자리에 앉고 동생은 혼자서 반대편 자리에 탔다. 다람쥐통이 빙글빙글 돌다가 멈추었다. 정신없이 돌다가 멈춘 순간, 내 동생이 공중에 매달려 울부짖는 모습을 보았다. 허리가 졸려서 끊어지겠다고, 먹은 거 다 토할 것 같다고 꽥꽥 소리치며 눈물콧물 다 뿜으면서 팔다리를 버둥대고 있었다. 동생을 보던 엄마와 나도 겁에 질렸다. '제발 5분만 참아줘. 지금 토하면 나한테 떨어진다고!!' 동생이 내 머리 위로 토하지 않기를 빌었던 기억이 아직도 생생하다.

동생의 당식은 나의 당각 또한 자극했다. 우리 집의 아이스크림은 꼭 퍼먹는 아이스크림, 그것도 꼭 구구크러스터여야만 했다. 그래야 초코+바닐라+카라멜 속에 숨어 있는 단짠고소한 아몬드를 파먹을 수 있었기 때문이다. 동생이 구구크러스터의 동그란 뚜껑을 여는 순간, 내 생각 따위는 필요하지 않았다. 그냥 밥숟가락을 들고 경쟁적으로 덤벼서 같이 먹어야 했다. 내 몫의 아이스크림을 남겨주는 자비는 동생에게 기대해서 될 일이 아니었다. 내 몫, 동생 몫의 간식을 나누어서 어머니가 챙겨주셔도 동생은 내 몫까지 다 먹어버렸다. 냉장고 속에 있어야 할 내 몫의 간식을 찾다찾다 못 찾아서 동생에게 물어보면 동생은 자기 몫은 일찌감치 다 먹었는데 누나 것이 남아있어서 먹고 싶어 먹었다 했다. 왜 남의 것을 물어보지도 않고 먹냐며 팔팔 뛰는 나에게 엄마는 왜 네가 빨리 먹지 않고 놔둬서 동생이 먹고 싶게 만들었냐고 타박을 줬다. 비정한 간식의 세계였다. 그때 익힌 먹자생

존의 감각 때문에 지금도 나는 아무리 배가 부른 상태라 하더라도 맛있는 것이 눈 앞에 펼쳐지면 어서 저걸 먹어서 뱃속으로 옮겨야 한다는 생각이 먼저 든다. 이것이 나의 다이어트가 잘되지 않는 이유 중의 하나다.

이러한 경험들로 미루어볼 때 계란케찹비빔밥이 우리 남매의 당각을 자극했다는 사실은 부정할 수가 없다. 그러면 우리 엄마가 준 계란케찹비빔밥은 과연 나쁘기만 했을까. 그건 아닐 것이다. 그것은 그 시절 엄마가 우리에게 마음 편히 줄 수 있는 음식 중에 가장 좋은 것이었을 것이다. 철없고 고집 센 둘째가 아파트 입구에 앉아 과일을 파시는 할머니 리어카 위 딸기 바구니를 보고 나면 바닥에 나자빠져 뒹굴며 떼를 쓸까봐 걱정이 된 엄마가 집까지 3분 거리의 길을 두고 15분을 빙 둘러 두 아이를 데려가던 이야기, 시댁이 과수농장을 하는 이웃집 아줌마네 냉장고 속의 상한 과일을 얻어다가 성한 부분을 우리에게 모아주면 우리가 그렇게 잘 먹었다는 이야기를 나는 애 엄마가 되어서야 나의 엄마에게서 들었다. 때로는 분유 살 돈이 없어서 고민 끝에 수퍼에 뛰어가 200미리 팩우유를 사다 먹인 이야기도, 일주일에 서너 번 지각하느라 번번이 아침을 굶고 등교하는 자식들이 마음에 걸렸지만 켈로*, 포*트 시리얼은 너무 비싸서 죠리퐁을 사다 놓으셨다는 이야기도 마찬가지였다.

그 시절 엄마는 계란 하나 마음 편히 먹은 적이 있었을까. 불현듯 물음표가 떠오른다. 냉장고 문을 열 때마다 계란과 케찹을 보면서도 한 번도 떠오르지 않던 생각이다. 서른일곱의 어느 밤, 뒤통수가 짜르르하다.

떡국

임혜미

떡국을 끓였다. 따뜻한 사골 국물에 짭조름한 소고기 고명을 올려 먹었다. 간편하고 맛있어 겨울이면 자주 해 먹고는 한다. 아직 더위가 가시지 않은 날씨에 떡국 생각을 한 건, 그날이 떠올랐기 때문이다.

결혼하고 처음 맞는 명절이었다. 한복을 입었었던가…. 설날 아침 일찍 일어나 시댁 큰집으로 갔다. 전날 구웠던 부침개 냄새와 나물에 입혀진 참기름 냄새가 1층에서부터 코를 자극했다. 어른들께 인사를 하고 할 일을 찾아서 하기 시작했다. 설거지하거나, 주변 정리를 하고…눈치를 보았다. 뭘 해야 할지 모르겠을 땐 형님에게 물어보기도 했다. 끓이고 데우고 치우는 부엌에서의 시간이 끝나고 차례상에 음식을 옮겼다. 배가 고팠다. 빨리 끝나고 따뜻한 떡국을 먹었으면 하고 생각했다.

계속 긴장하고 있었다. 누가 뭘 하라고 시키는 것도 아닌데, 가만히 있으면 안 될 것 같았다. 여자 어른들은 모두 뭔가를 하고 있었다. 가만히 앉아

TV를 보고, 오랜만에 만난 친척과 인사하며 이야기하는 사람은 남자들과 아이들 뿐이었다.

시댁은 이런 거구나, 여기는 우리 집이 아니다. 내가 빠져나갈 수 없는 낯선 공간에 있는 느낌이었다. 내 발로 들어왔지만 영원히 친숙해질 것 같지 않은 공간. 하지만 명절마다 가야 하는 공간. 긴장하는 마음이 우울감으로 바뀔 즈음, 차례를 지냈다.

앉아있던 남자들이 일어서서 술을 따르고, 절을 했다. 상을 차리던 여자들도 뒤에서 함께했다. 나는 지금 신랑의 조상에게 절을 하고 있구나. 안녕하세요, 작년에 시집온 임혜미입니다. 잘 봐주세요. 하며.

몇 번의 절을 하고 난 후, 끓여 놓은 떡국을 그릇에 담아 상으로 가져갔다. 김치와 전, 나물, 생선이 큰 상을 가득 채웠다. 드디어 식사 시간이구나! 얼른 먹고 집에 가고 싶다는 생각이 가득했다. 어른들 먼저, 그다음 아이들이 상 앞에 앉았다. 작은집 손님들은 식탁에 앉았다. 내 자리가 없었다. 어머님이 내가 배고플까 걱정하시며 상을 차리려고 하자 큰어머님이 눈치를 주었다. "자네는 참 며느리를 아끼네. 우리는 천천히 먹으면 되잖나. 손님들 식사하고 나면 먹세." 하시니 배고파서 지금 먹고 싶다고 할 수가 없었다. 작은집 식구들이 후루룩 먹고 일어나 과일을 종류별로 착착 잘랐다.

그제야 내 떡국을 받아 빈 자리에 앉았다. 두 시간을 기다리던 떡국이 먹고 싶지 않았다. 참기름 냄새가 더 이상 고소하지 않았다. 떡이 불어서 국물을 떠먹기가 힘들었다. 갑자기 눈물이 올라왔다. 갑자기 이게 무슨 신파고 청승인가 싶어 마음을 가다듬었다. 다 그런 거지 뭐, 여기는 우리 집이 아니잖아 생각했다. 아무리 합리화를 해봐도 서러운 마음이 남았다.

몇 순갈 먹지 않은 내 떡국과 다른 식구들의 빈 그릇을 치우며 엄마를 생각했다. 내가 어릴 때 보낸 설날을 생각했다. 나는 사촌들과 작은방에서 떡국을 먹었다. 엄마는 나처럼 주방에서 먹었을 것이다. 다른 식구들을 다 챙겨주고 난 후에 식은 떡국을. 엄마는 그게 서럽다고 속상하다고 한 적이 없다.

시외할머니 댁에 가서 인사하고 늦은 오후에 본가에 갔다. 명절 잘 보냈냐고 묻는 엄마에게 투덜거렸다. 전날부터 음식 준비한 사람이 왜 식사를 마지막에 먹어야 하냐고, 불공평하다고 했다. 엄마는 원래 그런 거라고 했다.

나는 '원래 그런' 세상에 들어온 거였다. 결혼하고 내 집과 내 세상이 생긴 것에 즐거워만 하다 닫힌 문을 열어 현실을 본 것이다. 이제 나를 먼저 생각하는 세계는 저기 백 킬로미터 떨어진 곳에 있다.

그날의 잉어탕

신현희

안동호에 낚시 다녀온 아래층 식당 주인이 대물을 낚았다며 배부른 새댁을 위해 대어를 희사한단다. 마당 수돗가에 내려와서 구경하라는 아주머니 성화에 태어날 아이를 위해 일부러도 좋다고 먹는다는데 거절할 이유야 없지, 하면서 내려갔다. 커다랗고 둥근 붉은 플라스틱 그릇에 담긴 장정 팔뚝보다 굵은 잉어는 난데없이 먼 곳으로 잡혀 와 아직도 어리둥절한 듯, 여긴 적잖은 몸피를 움직여 헤엄칠만한 구역이 아니란 듯 가만히 담겨 있었다.

그리 큰 잉어는 처음 본지라 적잖이 놀라고 긴장되던 순간, 인상도 사납던 초등학교 2학년 새 담임의 여름방학 숙제 '개와 고양이(의 구슬 다툼)' 열 번 쓰기가 떠올랐다. 늘 신언서판(身言書判)을 강조하던 엄한 아버지는 개학이 코 앞이라며 쓰기 공책을 가져오라 하셨고, 긴장해 있던 단발 계집아이 앞에서 내 숙제 공책은 세로로 찢어지며 반동강이 나고 말았다. 사흘 밤낮을 모깃불 피워놓은 평상에서 대나무 자로 한 획, 한 획을 그어 숙제한 기억을 어찌 잊을까? 그때 어린 꼬마의 머릿속엔 커다란 잉어가 함께 눈물을 흘렸다. 힘껏 쓰기 공책을 찢던 아버지의 우악스러운 손이 대어와 씨름하던 낚시꾼의 힘센 손과 자연스레 겹치면서 어떤 공포감이 솟구쳤다.

아래층에서 잉어를 담아준 커다란 찜통에 참기름을 넉넉히 부어 '곧 태어날 우리 순산이를 위해서라면!' 크게 숨을 쉬며 가스 불을 켰다. 오래 달여 뽀얘진 국물을 보니 그래도 긴장이 되었으나 순산을 위한 보약이라니 코를 잡고 눈을 질끈 감아 종이컵의 반을 마셨다. 그런데 여름날의 긴 오후를 화장실을 들락거리며 쏟아내느라 탈수 증세로 급기야는 드러눕고 말았다. 이후로는 음식에 대해선 가릴 바 없는 내가 바다 생선은 먹어도 잉어는 매운탕은 물론 찜도 못 먹는다.

미혼의 내가 꿈꾸던 결혼 생활에서의 아이들은 아들 둘에 딸 하나, 모두 셋이었다. 이제 내게 처음이자 평생이 된 직장의 상사는 나를 오래도록 기다렸다고 했다, 정확히는 내가 아니라 자신의 목표를 이루어줄 아랫사람을. 1990년 3월 2일에 처음 출근하여 결혼하던 1993년 10월 24일까지의 업무는 새내기 사회초년생이, 더구나 숙맥에 촌닭이던 내가 감히 '제 업무가 너무 많아요!'라고 전체 회의에서 건방진 아우성을 칠만큼 벅찼다. 관련 업무의 적임자가 없어 늘 애태우던 상사는 신입이 제법 일을 잘 쳐내자 신이 나서 자기도 직접 팔을 걷어붙이고 말단 부하 직원의 시중까지 들어주면서 더 많은 일을 시켰다. 어리숙한 신입은 그 덤으로 받은 일이 좋아하는 종류이기도 했거니와 인정받고 싶던 욕심에 잘한다는 칭찬까지 받으며 나름 즐겁기도 했다. 그런데 얼결에 열정페이로 일은 했지만, 날 받아 놓은 예비 신부가 결혼을 위해 준비할 여유라곤 조금도 없었다. 신부 화장을 위한 마사지는커녕 어중간한 단발머리도 못 자르고 그대로 결혼식장에 들어섰다. 제주 신혼여행의 첫날은 숙소를 잡지 못해 허름한 여관에 들어갔다. 축구광인 신랑은 고교축구 한일전 시청으로, 신부는 모기 잡기로 밤을 새웠고 그동안의 과중한 업무에 쌓인 피로와 결혼식으로 인한 스트레스가 겹쳐 몸살감기가 나고 말았다. 평소 잔병치레 없던 편이라 생리통으로 수업을 못 해 보건실에 눕던 소녀 시절에도 진통제 한 알 먹은 적 없건만, 오래 끄는 몸살감기에 일주일 치 약을 지어 먹고 그 후로도 일에 치여 별 생각 없이 지냈다. 초경 이후 평균과 비교해 겨우 절반이나 될까 싶던 엄청난 생리 불순이라 제 몸에 대해 아는 것이라곤 눈곱만큼도 없이, 막연히 임신과 출산은 가능할까에 대한 불안으로 결혼 자체를 망설이기도 한 바보 멍청이였다. 하지만 처녀의 산부인과행은 예기치 못한 불행한 사고로 인해 가는 곳이란 진부한 생각이었을 뿐 결혼과 출산을 위해 미리 산부인과를 찾고 몸에 대해 준비를 하는 일은 모르던 시절이라 중학교 가정 시간의 배란과 임신, 출산은 제일 이해가 어려운 문제였다. 또 생리 불순인가 하며 테스트기를 통해 두 번이

나 체크하였음에도 무반응, 아무래도 찜찜하여 뒤늦게 찾은 산부인과에서 결국 임신을 확인하게 되었다. 마침 직장의 선배가 장애아를 출산하였단 소식에 더욱 엄청난 충격과 공포에 휩싸였던 멍청이는 평생 씻을 수 없는 죄를 저지르고 말았다. 약물로 인한 기형아 출산의 불안으로 끙끙거리며 오래 불면의 밤을 새웠으나 산부인과 의사, 친정어머니, 시어머니를 비롯해 누구와의 의논도 없이 남편에게는 일방적인 통보만으로 낙태하고 말았다. 결혼 전 무려 다섯 번의 마취로 사랑니를 뽑아 치과의사를 놀라게 했던 나는 전신 마취 후 이뤄지는 시술에도 의식은 또렷해 '아이고, 어찌 이 지경이 되도록 있었나? 쯧쯧쯧!' 의료진이 나누던 이야기를 다 들을 수 있었다. 다섯 달을 채워가던 남아였고, 그날 밤 철쭉 만발해 햇빛 더욱 찬란한 직지사의 봄 소풍에서 녹슨 청동 불상을 닦다가 불두를 부러뜨려 정진 중인 선방의 스님들이 모두 돌아앉아 계신 꿈을 꾸었다. 이후 두 여아를 낳고 기르는 동안에도 더욱 긴 시간을 엄청난 고통에 시달리며 못난 내가 한 일이라곤 고작 태아의 영혼을 위한 천도재를 지냈을 뿐, 살인에 대한 자책은 여태껏 나를 짓누른다.

살아 숨 쉬는 그 커다란 눈의 잉어를 마주하던 순간 떠올랐던 옛이야기 속 잉어의 커다란 눈, 그 눈은 우악스러운 아버지의 손에 의해 찢긴 어린 나의 내면 아이였고, 아빠를 똑 닮아 함께 공을 차고 뒹굴며 깔깔댔어야 할 우리의 첫 아이, 한 번 보지도 못하고 내가 죽인 아이의 눈이었다. 그 커다란 눈들이 무의식에서 겹치어 자신도 인식하지 못한 공포와 불안으로 도저히 삼킬 수 없었던, 지금도 사무치는 아픔에 아무리 반성해도 돌이킬 수 없는 죽어서도 잊지 못할 잉어탕의 절절한 기억이다.

나도 모르는 것에 대한 용서

김근태

길을 가던 행인이 전혀 모르는 사람에게 폭행을 당해 다쳤다는 뉴스를 보았다. 단지 쳐다보는 게 기분이 나빴다는 것이 이유였다고 한다. 얼마나 황당했을까? 왜 그랬을까? 내게 그런 일이 일어났다면 어땠을까? 생각해 보니, 나에게도 그런 일은 있었다.

고등학교 2학년 때였다. 2학기가 시작된 지 얼마 되지 않았던 때였다. 그날도 여느 때와 다름없이 아침에 등교하여 자리에 앉는데 바로 뒤에 앉는 녀석이 갑자기 내 목에 커터 칼을 들이대면서 "죽고 싶냐?" 고 소리치는 거였다. 공부는 못했는데 집이 부자였는지 늘 값비싼 옷을 입고 다니며 미술로 진학한다고 야간 자습을 하지 않고 늘 일찍 하교하는 애였다. 그리 말썽을 부리는 애도 아닌데 어느 날부터 부쩍 뒤에서 노는 애들과 자주 어울려 다니던 그리 존재감도 없는 애였다. 황당한 순간이었다. 그 짧은 순간에도 무슨 일인지 영문도 모르면서도 "무슨 이유로 이러냐?" 라고 묻는 거 자체가 실장을 맡고 있던 나의 위상이 떨어진다는 생각을 했던 것 같다. 그냥 "그래, 죽여 봐라. 성적도 떨어져 엿 같은데 차에 잘 됐다. 죽여라" 하고 짐직 배짱 좋은 사나이마냥 태연히 책가방에서 책을 꺼내면서 오히려 큰소리 치며 목을 내밀었다. 그러자 오히려 녀석이 당황한 듯 했다. 내가 이렇게 나올 줄 몰랐던 거 같다. 내가 부들부들 떨면서 겁먹은 모습으로 "미안하다, 잘못했다." 하는 모습을 기대했던 걸까? 그 녀석은 그냥 계속 칼을 흔들면서 "죽고 싶어, 죽고 싶어"만 외쳤다. 승기를 잡은 나는 옳다구나 싶어 "찌를 용기도 놈이 칼은 왜 꺼냈어, 이 미친 새끼야!!" 라고 하면서 칼을 잡은 녀석의 손목을 낚아채려 하는 순간, 커터 날이 내 오른손 가운데 손가락의 살점을 베어 버렸다. 하얀 책상 위와 바닥이 피로 흥건했다. 반 애들이 놀라 양호실로 가자는데 나는 고집을 부리면서 가지 않겠다고 뿌리치면서 피가 쏟아져 나오는 손가락을 잡고 그냥 앉아 있었다. 어차피 이 싸움은 내가 이긴 거고 뒤에서 노는 놈들에게 내가 얼마나 독한 놈인가를 보여주는 기회가 될 수 있을 듯 싶었다. 아침 조회 시간이 다 되어 곧 담임선생이 들어 올 때가 다 되었다. 얼마의 시간이 흘렀는지는 모른다. 칼을 들이대었던 그 놈이 갑자기 무릎을 꿇고 "미안하다" 고 사과를 하는 거였다. 순간 너무 어이가 없었다. "한심한 녀석 같으니라구" 그 길로 친구들 손에 이끌려 양호실로 갔다. 물론 연필 깎다가 손을 베었다고 하고… 돌아와 보니, 내 책상과 주위 바닥은 깨끗하게 닦여져 있었다. 그렇게 그 때 그 일은 묻혔다. 반 애들은 모른 척 했고, 선생님께는 알리지도 않았고, 심지어 부모님께도 걱정할까 봐 그냥 칼에 베였다고만 하고 넘어갔다. 그 일 이후에도 그 녀석은 왜 그랬는지 이유를 얘기하지 않았다. 나도 물어보지 않았다. 애초부터 내 관심에 없는 놈이었고, 그 이후에는 정말 교실에서 쥐 죽은 듯이 지냈던 것 같다. 나도 소득이 없는 건 아니었던 것 같다. 껄렁껄렁하게 노는 녀석들에게 내가 독한 놈이라고 소문이 났는지 그 이후에 교실에서만큼은 내게 시비를 걸지 않았으니까. 아직까지도 그 녀석이 칼로 날 위협한 이유는 모른다. 다만 내가 실장을 하면서 하는 행동들이 지가 보기엔 꼴 같지 않게 보였거나, 뒤에서 함께 어울리던 녀석들에게 자기 존재감을 드러내고 싶었던 건지도 모르겠다.

또 한 번의 일은 군대에서 있었다. 대학교 2학년을 마친 나는 군대에 갔다. 논산 훈련소에서 교육을 받고 난 뒤 후반기 주특기 교육을 육군정보학교에서 받게 되었다. 교육 동기 중 분대장을 맡게 되었고, 교육 준비를 하고, 매일 일과를 마치면 교육장 및 내무반 청소를 책임지는 게 주요 일이었다. 특별한 사고 없이 교육이 거의 끝나갈 무렵 어느 날 교육을 맡고 있던 교육 조교 중 한 명이 나를 불러서 갔더니, 다짜고짜 내 이름을 부르면서 가슴을 주먹으로 2번을 쥐어박았다. 순간 숨이 컥 막혀 쓰러졌다. '아, 소위 군대에서 맞아 죽는 사람들도 있다던데, 그게 나일 수 있겠구나' 하는 두려움을 그때 처음 느꼈다. 이유도 말하지 않고 내지르는 주먹에 온몸으로 버텨야 했던 그때… 가슴에 맞은 폭행은 멍 자국도 남지 않는다. 그 시절에만 해도 졸병의 인권이란 것이 없던 때였으니 괜히 말해 봤자 시끄럽기만 할 것이라 생각했기 때문에 그냥 아무 일 없었듯이 넘어갈 수밖에 없었다. 지금도 그 조교가 날 때린 이유를 알지 못한다. 기껏 짐작하는 것은 육군정보학교에 내가 들어가게 된 것이 부모님이 아는 지인의 도움에 의한 것이었고, 그것이 그 조교가 보기엔 아니꼽게 보였던 것이 아닌가 짐작할 뿐이다.

또 다른 이유를 알 수 없는 일을 당한 것은 회사에서였다. 당시 품질 부서의 대리였던 나는 다른 부서와의 업무 회의에 참석했다. 고객 품질에 대한 협의를 하기 위한 자리였고 관련 부서 담당자들이 모여 있었다. 그 중에 제조과장 한 분이 계셨다. 아주 친하게 지내는 사이는 아니었지만 늘 선배로 깍듯이 인사하고 받아주는 관계였다. 그 날 회의 중에 그 분이 갑자기 내게 욕을 하면서 화를 내는 것이었다. 화를 내는 이유도, 더군다나 욕을 하는 이유도 모르면서 그냥 회의를 끝냈다. 참석했던 다른 사람들도 황당해하고, 나는 회사 생활하면서 진짜 욕을 들은 경우는 처음 겪는 상황이라 너무 당황했다. 그 일이 있은 후 그 선배는 나를 만나는 것을 피했다. 꽤 여러 달이 지나서 연말 회식 기회가 있어 무심코 술자리를 하게 된 날, 그분이 먼저 그 날 얘기를 꺼냈다. 그때 너무 미안했다고. 내가 혹시 그 일 이전에 실수한 게 있었거나, 그 날 회의에서 잘못한 게 있었냐고 이유를 물어봤다. 그런 건 없었단다. 자기가 왜 그랬는지 본인도 잘 모르고, 그래서 엄청 후회했다고 했다. 나는 그분과 화해를 했지만 그분은 퇴사하는 날까지 두고두고 미안해했다.

이유도 말해 주지 않는 미움의 대상이 왜 나였던 걸까? 묻지마 폭력의 대상은 늘 그들보다 힘없는 약자들이라고 한다. 나의 경우도 그랬던 것이 아닐까? 학교에서 그 녀석은 뒤에서 함께 노는 패거리의 힘을 믿었던 것일 거고, 군대에서는 나보다 높은 계급이라는 것, 회사에서는 높은 직급의 선배라는 점이 작용했을 것이다. 때린 사람은 불안하고 맞은 사람은 맘 편히 잔다고 하지만, 정작 가해자는 기억하지 못하고 피해자는 그 상처가 평생 간다. 상처 입은 사람에게 그냥 잊어버려라, 용서하라는 말은 또 다른 상처가 되는 말이다. 용서는 뉘우치는 자에게 줄 수 있는 것이다. 나도 반 친구, 군대 상사에게서 사과받지 못했다. 사과를 한 사람이 없는데 누구를 용서할 수 있을까? 나는 모든 것을 용서할 수 있는 예수님이나, 부처님 수준의 인간이 아니라서 용서할 능력이 안 된다. 다만 계속 생각해봤자 내게 득 될 것이 없으니 망각의 능력을 사용하여 애써 나의 의식 깊은 곳으로 밀어 놓고 자물쇠를 채운 것뿐이다.

그러다 문득 생각했다. 나는 떳떳한가? 정작 그런 일들을 당한 나는 반대로 누군가에게 그런 일을 한 적은 없었는지 생각하다 보니 자신이 없다. 아니, 분명 있었다. 회사에서 맡은 일이 늦어져 욕먹게 되자 나는 제대로 지원도 안 했으면서 후배를 희생양으로 만든 일이 있었다. 회사에서 받은 스트레스를 이유도 모르는 가족에게 괜한 신경질을 부리며 가족이니까 당연히 감내할 것을 요구했던 적도 있었다. 나도 나보다 약하다고 생각한 대상에 화를 풀고 있었고, 그런 일이 있은 후에 제대로 된 사과를 하지도 않았다. 결국 나도 이유 없는 괴롭힘을 당했지만, 나 또한 억울한 사람들을 만들고 있었다. 회사를 퇴직하는 분들이 메일로 보내오는 퇴직인사에서 '회사 일하면서 나도 모르게 한 행동과 말로 상처 받은 모든 분들께 용서를 구한다'는 말이 그냥 하는 인사치레가 아닌, 진심어린 사과로 느껴졌다. 나도 회사를 떠나거나 죽을 때 다 되어 때늦은 용서를 구하는 우둔한 사람이 되고 싶진 않다. 남에게 상처 주는 일이 없도록 조심하고, 나도 모르게 했다면 그때, 그때 진심으로 사과하고 용서를 구하여 살아가면서 업을 쌓지 않는 사람으로 살아가고 싶다.

생일

우진숙

아이들에게 좋아하는 계절을 물을 때, 잘하는 대답이 있다.

왜냐하면 이 달에 내가 태어났거든요! 라고 하면서.

태어난 달이기 때문에 특별하고, 그 계절까지 선물세트로 묶어버린다.

어느 한 아이가 뜬금없이 나를 지나가면서, 질문을 한다. “오늘이 무슨 날인지 아세요?”

그럼! 당연히 알고 있지, 그리고 그걸 말하면 흥이 깨지는 것도 아니까! 적당히 모른 척하며 대답을 해주었다. “글쎄, 너무 궁금한데!”라고.

일 년 중 단 하루뿐인 이 특별한 날이 지나가는 것을 두 자녀는 그렇게 안타까워할 수가 없다. 그래서 그 행복을 좀 더 느낄 수 있도록, 생일이 있는 한 주일을 통째로 그 사람을 더 아끼고 사랑해주는 신선한(?) 가족문화가 생겼다. 당장 그날 선물을 준비 못 해도 일주일 안에 주면 되는 편리함이 있지만, 일주일 내내 생일이라 생색내는 한 사람을 인정해줘야 하는 인

내심이 따른다.

생일은 이렇게 좋기만 한 날일 줄 알았는데, 몇 년 전부터 나의 생각은 조금 달라졌다.

남편 생일은 6월이다.

따뜻한 봄 햇살이 지나가고, 막 더위가 시작되려는 바로 그때이다.

여느 때보다 빨라진 더위가 여느 날처럼 찾아온 그 날, 유독 따가운 햇살이 아침부터 내리쬐던 남편의 생일날, 나의 사랑하는 아버지가 돌아가셨다.

저녁에 함께 축하하고 맛나는 외식을 계획하던 내 머릿속은 이내 하얗게 되고, 남편 생일이라 미역국을 아버지께 드리러 가던 길을, 바로 병원으로 돌렸던 그 날이었다.

그 후로 시간이 어찌 지나갔는지. "영감, 조서방을 그렇게 좋아하더니, 생일날 돌아가네." 며칠 전부터 조서방을 그렇게 찾으시더니, "사위 생일날, 고생말고 아버지 상도 한꺼번에 차리라 하시고 갔네." 시간이 지난 후, 이렇게 푸념도 해본다.

올해 남편의 생일에는 아버지 산소에 다녀왔다. 이제는 마음이 그렇게 아프지는 않다.

어쩌면 생일이란 첫날은 생애의 마지막 날과 맞닿아 있는 것 같다.

마치 안으로 가다 보면 밖이 나오고, 밖으로 가다 보면 안이 나오는 뫼비

우스의 띠처럼.

생일은 일 년마다 돌고, 태어난 날이 있기에 언젠가 우리가 가야 할 곳이 있다는 것을 기대하게 한다. 생일은 한 세대를 시작하는 가장 기뻐하는 날이며, 마지막 날은 끝이 아니라 그 어느 세계를 향한 또 하나의 문, 다른 시작일 수도 있다.

시작과 마지막이 있는 이 한 날 속에서, 나는 기뻐하기도 하다가 서글퍼지기도 하고, 잠시 담담해지다가 편안해지는, 미지의 감정을 느껴본다.

한 날에 삶과 죽음이 섞여 있듯, 인생의 기쁨 가운데, 슬퍼할 준비를, 슬픔의 순간에 기뻐하라는 위로를 받는 것 같다.

내 얘기

우진숙

일단, 이 약들 드시게 하고, 6개월 뒤에 다시 뵙도록 할게요.

의사 선생님은 그렇게 말했지만, 6개월이란 시간이 아득하게만 느껴졌다.

과연 그때 선생님을 다시 뵐 수 있으려나.

오늘은 멀리 논에서 엄마를 만날 수 있었다.

왜 이제 왔느냐고 엄마는 얼굴이 빨개지도록 할 말이 많았고, 차가 밀려서, 아이들 저녁 챙겨주느라며 나는 또 같은 변명을 늘어놓았다. 여느 때처럼, 엄마는 이내 괜찮다고 하며, 손녀가 선물해 준 돌고래 인형을 안고는 해맑게 웃으신다.

큰애가 열여섯, 둘째가 열셋이나 되었어도, 엄마의 기억속에선 십 년의 시간이 사라지고, 두 손녀는 마냥 누워서 칭얼대는 아기로 기억되었다.

요양병원에 계신 엄마가 집으로 오게 된 건, 오 년 전이었다.

아버지는 지병이 있으셨지만, 그럭저럭 엄마와 함께 잘 지내셨는데, 삼 년 전 아버지가 갑자기 폐암 선고를 받으셨고, 그 후 급격하게 증세가 악화되면서 먼저 돌아가셨다.

당연히 요양원으로 다시 모시게 될 줄 알았던 엄마는, 또다시 내 손을 잡고는 간곡히 말씀하셨다. 그냥 집에만 있게 해달라고. 자주 안 와도 된다고 했다. 가장 가까이 사는 나에게 엄마가 부탁을 하셨고, 처음에는 그것을 쉽게 생각했다.

하지만 엄마를 그냥 집에만 있게 둔다는 건 그렇게 간단한 일은 아니었다.

엄마는 반신이 마비된 와상상태의 뇌경색환자였다.

다른 언니들의 생각도 들어봐야 하고, 나만의 선택과 의지로 결정할 수 있는 일이 아니었기에, 가족들을 설득해야 하는 진빠지는 과정을 남아있었다.

너는 막내인데, 아이들도 어린 네가 얼마나 잘 돌볼 수 있느냐고, 그만하면 모실 만큼 애썼다, 더 건강하신 분들도 다들 거기 가시는데, 이제 그만 마음을 써라.

밤마다 엄마의 이불이 나를 휘감고, 엄마의 철제 침대가 둥둥 떠다니고, 땀에 흠뻑 젖은 엄마가 살려달라고 하는 악몽을 자주 꾸곤 했다.

나는 철부지 막내라는 껍질 속에 들어가 또 웅크리고 앉는다.

다른 건 다 똑같이 하면서, 왜 이럴 땐 또 막내라고 우겨 세우는지.

선택 앞에선 어찌 된 일인지, 나는 왜 또, 얼음이 되는지. 짜장도 짬뽕도 아닌.

엄마는 우리 집으로 오시게 되었다.

아이들이 지나다니는 걸 보고 싶다며 거실에 침대를 두라 하셨다. 우리 아이들은 거실을 지나갈 때, 할머니에게 인사를 하기도 하고, 손을 잡아주기도 했다. 할머니가 기저귀를 차고 있어도 이제는 웬만한 냄새에는 적당히 모른척할 수 있는 경지가 되었다. 엄마한테 혼이 나면, 쪼르르 할머니 침대 옆에 누워 이르기도 하면서 그렇게 엄마는 거실의 한 곳에 계셨지만, 우리 생활에 조금씩 들어오게 되었다.

그런 엄마가 마당이 넓은 친정으로 가고 싶다고 다시 나를 조르기 시작했다.

친정으로 이사를 하려고 했지만, 이 또한 쉬운 일이 아니었다. 당장 아이들 학교며, 학원 다니는 문제가 쉽게 해결될 것 같지 않았다.

나는 이런저런 궁리를 하다가, 두 집을 오가는, 두 집 살림을 시작하게 되었다.

요양사 선생님이 식사를 다 챙겨주시고 퇴근을 하시면, 나는 저녁에 가서 잠자리를 봐 드리면서, 이틀에 한 번씩 친정에 잠을 자게 되었다. 고맙게도 남편이 한 번씩 취침 당번을 해주는 날에는, 아이들을 좀더 챙길 여유가 그나마 생겼다.

두 집 살림은 생각하던 것 이상으로 내 시간이며, 살림살이까지 하나씩 나누어 놓는 결정이었다.

직장을 다니면서, 반찬이며 이것저것 챙기며, 하루에도 몇 번씩 두 집을 오가며 열심히 산다고 살았지만, 주말까지 쉬지 못하며 나날이 피곤이 쌓여갔다. 엄마를 챙기느라 마음을 쓴다고 위안을 삼았지만, 정작 붙들어야 할 사춘기 자녀들의 마음은 놓쳐버렸다.

그러기를 또다시 삼 년.

집, 직장, 친정을 오가는 삼각의 싸이클은 여전히 가쁘게 돌아갔다.

그렇게 정신이 맑으시던 엄마가, 한 번씩 낯설게 느껴지는 일들이 잦아졌다.

언제부터인지 식사를 하셔도 안 하셨다고 요양사를 이르기도 하고, 한

걸음도 한 적 없는 옆집 금오댁이 와서 밥을 주고 갔다고 이야기하셨다. 안고 주무시던 인형에게 먹인다며 나물을 달라고 하신 적도 있다.

평소에 딸뿐만 아니라, 요양사 선생님의 시간대별 스케줄까지 꿰고 계시던 총명함은 어디로 가고, 당신의 집에 데려가지 않은 것에 서운해하며, 쉽게 화를 풀지 않는 때가 많아졌다. 지난주에는 사위도 몰라보고, 그냥 좋은 사람이라고만 했다.

오늘은 어디에서 잠을 잘까 누워서 걱정을 하신다. 그러면서도 길이 나쁘니 꼭 운전조심을 하라는 말씀은 잊지 않으신다. 안타깝기도 하고 미안하기도 한 마음이, 방을 나설 때마다 내 발목을 잡는다.

이리저리 애쓰고 노력해도 안 되는 것은 안되는 것이라는 단순한 것을 깨닫는다.

엄마를 모실 수밖에 없는 이유, 오롯이 가족들과 보낼 시간이 충분하지 않은 안타까움, 아무리 붙잡으려고 해도 자꾸만 내 손을 놓을 것만 같은 엄마의 굳어지는 손.

동문서답 같은 대화 속에서도 나는 엄마의 메시지를 읽을 수 있었다.

나를 그래도 요양원에는 보내지마 알겠지? 그냥 나를 여기 두면 돼. 너는 너 일 열심히 하고. 혹시 내가 딴소리를 할 때도 모른 척하고 그냥 둬. 그땐 아마 내 정신이 아닐 테니까. 오늘도 반복되는 엄마의 넋두리가 허공을 친다.

엄마의 약을 타고 병원을 모셔 다니던 서른 중반의 딸은, 십 년 가까이 엄마와 보내며, 이제 엄마와 나란히 약을 타는 골골한 중년이 되었다. 한 달 전, 관절이 아파서 병원에 갔더니, 무슨 운동 선수냐고 물을 만큼, 곳곳의 관절이 안 좋은 상태였다. 관절이 다른 사람보다 많이 약한데, 너무 무리하게 사용을 했다고 한다. 두 집 살림에, 직장까지 복잡한 동선을 수도 없이 짐을 쌌다가 풀었다가를 반복하며, 연골이 닳아갔나보다. 오른쪽 어깨가 몇 달째 욱신거리고 잘 쓸 수 없어서 사진을 찍어보니, 어깨 근육 이두박근에 염증이 심하다고 하였다. 중학교 과학시간에서나 들어보던 이두박근. 거기에 염증이 웬말인가. 나는 늘 튼튼한 줄 알았는데, 그냥 열심히만 살면 되는 줄 알았는데. 이를 악물고, 두 주먹을 세게 쥐었는데, 내 몸은 꼭 그렇지 않았던가 보다.

나는 왜 이 길로 오게 되었을까 한 번씩 생각을 해본다.

차라리 눈 질끔 감고 한순간 외면했더라면 지금 내 마음이 편안했을까

하지 않아도 될 고생을 사서 한다고 하는데, 과연 그런 것이었나.

그럴 만큼 엄마를 모시는 것이, 고생이라는 단어까지 써가며 표현할 만

만한 일이었던가.

나는 이 길을 선택한 것이 아니라, 내 길을 가다 보니 만난 것이다.

세계 최고봉을 정복한 한 산악인이 그랬었지.

거창한 목표는 없었다고. 에베레스트 산이 거기 있기에 나는 또 정상을 향해 가는 거라고.

나는 다른 길이 아닌, 한 길을 걸어왔을 뿐인데….

이 길을 걸어본 적 없는 그 누군가가 나에게 반문한다. 과연 너의 속셈이 뭐냐고.

얘야, 엄마는 오늘 외갓집에 가 있을 테니까 일 마치고 그리로 와.

친정에 갈 생각 때문인지, 아침부터 엄마의 목소리가 한 톤 높아졌다.

엄마도 엄마가 그리웠을까. 아마 그랬을 거야.

둘이서 도란도란 이야기하며 따뜻한 볕을 함께 쐬겠지.

외할머니가 해주시는 빡빡한 강된장에 널따란 호박잎 싸서 맛나게 드시겠지.

막내딸이 물가에 나를 데려다 두고선, 한나절을 기다려도 데리러 오지 않는다고 할머니한테 일러바치면서.

겨울 판화 속에 갇힌 용서

유영지

내게 기억이라는 것이 있다면 그 기억의 시작이 여기 침산동이고 그 끝은 열아홉 살의 봄까지다. 자주 꿈에 나오는 그곳 그 방. 초록색 대문이 활짝 열려 있던, 19통 2반.

대문을 들어 서본 적 없는 친구들은 우리 집에 피아노와 승용차가 있을 거라고 내 모습을 상상하는 듯했고 나는 굳이 아이들 상상을 깨고 싶지 않았다.

단칸방에서 방 두 칸으로 다섯 식구가 옮겨 갈 때까지 나는 부족함을 별로 모르고 자랐다. 먹이고 입히는 것이 삶의 화두 같았던 부모님. 또래 친구들보다 옷차림이나 가방 같은 게 좋았다. 거짓말을 한 적은 없었다. 아무 말도 하지 않았을 뿐이다. 엄마의 사촌 언니가 아동복 도매상을 했고 수혜자는 우리 세 딸들의 몫이었다. 보이는 것이 전부는 아니지만 또 전부를 볼 수는 없었다.

언니가 한 번 병원에 입원하면 한 달 꼬박 몇백만 원의 병원비를 감당해야 했던 그 땐 우리의 세간살이가 펴질 기미가 없었다. 큰딸아이를 어떻게든 살려내야 한다는 엄마의 강한 집념과 명치를 누르는 책임감이 버거웠던 아빠는 자주 부딪치곤 했다.

"나가 죽어. 그만 울어. 시끄럽다고." 복잡한 아빠의 고함 소리에 눈을 떴다. 꼬마전구는 새까만 방 안의 움직이는 그림자를 더 크게 비추고 있었다.

방바닥을 구르는 언니에게 아빠는 베개를 던지고 있었다. 무릎을 세워 웅크린 채 베개에 입을 막은 언니는 통증의 간격이 늘어질 때면 방구석을 찾아 잠이 들었다. 동그랗게 말린 채로. 잠깐의 평화 같은 시간이 오면 다섯 식구 모두 서둘러 잠에 빠져 들었다.

느껴 본 적 없어 측정 불가한 고통, 나는 그 비슷한 아픔도 느끼고 싶지 않았다. 내가 아니라서 다행이었다. 방이라는 한정된 공간 속에서 고함과 통증이 허공을 긁는 소리는 견디기 힘들었고 나와 동생은 잠든 척하며 손가락 마디가 하얗게 질릴 때까지 귀를 막아야 했다. 언니는 극심한 통증을 겪은 후에 구토를 했다. 나는 입으로만 숨을 쉬고 귀를 막은 채 눈을 꼭 감아버렸다. 이 시간의 끝이 있기를.

"그래 죽어버려 같이 죽어버리자." 엄마의 울부짖음에 나는 또다시 눈을 떴고 온몸이 떨려왔다. 앙칼지게 시작한 말의 끝에는 오랜 병에 지친 기색이 묻어 나왔다.

언젠가 죽을 사람은 언니라고, 엄마는 아니야. 상상해 보지 못한 엄마의 죽음이 밖으로 툭 나와 두려웠다. 언제든 달려올 죽음이 낯설지 않게 머물 곳은 정해져 있었다. 희귀병은 우리를 공포에 떨게 했고 질식사시킬 것만 같았다. 우리라는 말에 언니만 놔두고 도망치고 싶었다.

생각이 죄가 될 수 있음을 그 때는 알지 못했다, 그러나 말하기 전까지는 아무도 알 수 없는 죄임을. 용서를 구하고 이해를 받는 일은 나중의 일이었다.

"엄마! 엄마! 나 좀 죽여줘… 아니야… 죽기 싫어요. 엄마 엄마."

언니는 엄마의 팔에 매달리다가 두 손을 싹싹 빌며 고개를 저었다. 한 장면만 재생되는 영화를 보는 것 같았다. 목구멍으로 물이 차올라 자꾸만 헛구역질이 났지만 나는 아프지 않았다. 귀를 더 막을 뿐이었다. 언니는 통증과 눈물에 뒤섞여 어딘가를 헤매고 다녔다. 얼마의 시간이 흘렀을까? 팔이 저려와 귀를 잠깐 놓았을 때 들리던 엄마와 언니의 지친 숨소리는 나를 안도하게 했다. 또다시 찾아온 평화같은 시간. 열 개의 핏발 선 눈들이 내려앉았다. 이제 끝이기를.

'죽는다, 죽음' 같은 말들을 잠 속에 넣고 굴렸다. 언젠가 언니가 죽음을 마주하는 날이 오늘 밤이라 해도 무섭지 않았다.

누군가의 죽음이 타인에게 평안일 수 있을 거라고 아빠가 던진 베개에 동조하며 나도 얼른 잠 속으로 들어갔다.

방 한가운데 내가 혼자 누워 있다. 불현듯 벽이 움직이기 시작했다. 순식간에 거리를 좁혀 오는 속도에 숨이 찼다. 여기가 물 속인지 물 밖인지 구분이 되지 않았다. 어항을 잃어버린 금붕어처럼 입술만 뻐끔거렸다.

"살려 주세요. 엄마! 아빠!" 소리가 되지 못하고 온몸을 울렸다. 미세한 파장이 다시 몸을 진동시켰다. 갑자기 벽이 멈추었고 이번엔 천장이 다가왔다. 성대를 찢고 토해낸 말들이 소리가 되지 못하고 목구멍으로 되돌아갔다. 벽과 천장이 다가왔다 멀어지기를 끊임없이 반복했다. 나는 공포에 질려 까무룩 잠이 들었다.

눈을 떴을 땐 아침이었고 방에 남은 건 잠든 동생과 나뿐이었다. 땀이 배어 이리저리 흐트러진 이불과 쿰쿰한 냄새가 나는 걸레통뿐. 문을 두드리며 혜정이 엄마가 우리를 불렀다. "학교 가야지. 우리 집에 와서 밥 먹자." 대답하는 내 목에서 쇠 긁는 소리가 났고 베개는 축축했다. 운이 좋으면 보름만에 퇴원하기도 했지만 드문 일이었다. 한 달을 병원에서 보내면 서너 달은 버틸 수 있었다. 오늘은 외할머니가 오셨으면 좋겠다. 할머니보다 내 머리를 잘 묶어주시고 반찬도 더 맛있게 해주시니깐.

일반 병실로 옮기는 날이 되면 엄마를 보러 갈 수 있는 날이다. 엄마의 무릎에 엎드려 지난 밤에 꾼 꿈을 위로받고 싶었다. 아주 무서웠노라고. 벽과 천장이 나를 삼킬 것 같았다고. 나는 죽을 뻔했다고.

병실 입구 침상 위에는 168cm의 키에 35kg의 무게로 앉아있는 언니가 여섯 개의 링겔을 매달고 있었다. 가느다란 팔에 든 멍들은 색이 달랐다. 링겔 줄이 언니를 빨아들이고 있는 건 아닌지 맺혀있는 수액 방울의 방향을 지켜보기도 했다. 만약 언니가 죽는다면 그건 수액이 역류한 탓이라고 말하고 싶었다. 나쁜 생각을 한 내 탓이 아니라고. 핏기없는 얼굴에는 주황색 호수가 콧구멍 두 개에서 나와 하나로 합쳐져 있었다. 병원에 있는 언니의 모습은 늘 똑같았다. 지독한 알콜 냄새가 폐부를 찌를 것 같아 숨 쉬는 걸 멈췄다. 불현듯 병실의 천장과 벽이 다가올 것만 같아 두려웠다. 나는 생각으로 죄를 지었다. '용서해줘'라는 말이 자꾸만 역류했다.

병실에 들어서는 우리를 보고 편해진 웃음을 짓는 언니. "목쉬었네. 감기 걸렸어?"라며 해사한 웃음 앞에 나는 무릎을 꿇고 싶었다.

그날 밤 "아빠. 베개가 너무 딱딱해서 목이 아파. 새 것으로 바꿔줘."라며 졸랐다. 베개 위에 묻은 죄를 구원받고 싶었던 건지, 악몽을 떨쳐 버리고 싶었던 건지. 베개만 버리면 없었던 일이 될 것 같았다.

그날 이후 자주 그랬다. 벽과 천장이 움직이는 방 안에서 나는 홀로 침전

하며 가늘어지는 숨을 붙잡았다. 몇 번의 이사 후에도 눈을 뜨면 그 날, 그 방이었다. 언니는 두 번의 큰 수술을 하고 우리는 더 넓은 집으로 이사를 했다. 죽음에서 멀어진 것 같았던 언니는 내가 수능을 20여 일 남겨둔 날, 입원과 퇴원의 반복도 없이 인사도 없이 바다로 갔다. 마지막 밤, 동생은 언니의 목소리를 들었다고 했다.

나는 들을 수 없었다. 그리고 나의 용서도 영영 사라졌다.

초록 대문을 밀고 들어간다. 그립던 얼굴들이 한 달 만에 돌아왔다. 나는 엄마를 지나쳐 언니에게로 달려가 안긴다.

"미안해. 정말 미안해." 앙상한 팔이 꼭 안아 준다.

"다시는 안 그럴게. 용서해줘." 해사한 웃음으로 고개를 끄덕이는 언니. 엄마는 새삼스럽다며 부엌으로 나갔다. 상 위에 울리는 다섯 개의 수저 소리가 소란스럽다. 그 밤 나는 굽어진 언니의 등을 계속 쓸어주었다. 언니도 그렇게 해줬다.

오늘은 벽과 천장이 움직이지 않는 방에서 깨어났다.

겨울에 태어난 사람은 추위를 많이 탄다는데

김근태

난 어릴 때부터 겨울이 싫었고 지금도 그렇다. 누가 물으면 겨울이 싫은 이유를 더워서 죽는 사람은 없지만 추워서 얼어 죽는 사람은 있지 않냐고 내가 생각해 봐도 그럴듯한 인류애적 차원의 이유를 대곤 했다. 어릴 땐 피가 뜨거워서 밖에서 놀아도 걱정 없다던 어른들 얘기를 들었지만 정작 겨울을 싫어했던 이유는 추운 겨울날 밖에 나가 놀만큼 재미 있는 놀이가 없었기 때문이 아닌가 싶다.

내가 살던 집 앞에는 '신천'이라는 조그마한 개천이 있었다. 그래도 산에서 바로 연결된 터라 꽤 맑은 물이 흘렀었다. 천변은 온갖 풀들이 제멋대로 자라고 있었고 그나마 풀들이 없는 공터는 구슬치기하기 좋은 흙들로 덮어 있는 땅이었다. 그곳에서 송사리도 잡고, 구슬치기도 하고 야구 사이도 하고, 오징어 게임도 하며 놀았다. 그런데, 겨울에는 할 게 없으니까 밖에 나가는 것도 재미가 없었을 터.

그래도 유일하게 겨울이 오면 할 수 있는 게 얼음 지치기였다. 개천을 조금만 따라 올라가면 '용두방천'과 함께 '중동교' 다리가 있었고 그 밑에는 언제나 적당한 물이 흘러 겨울이 되면 얼음이 얼어 놀 수 있는 곳이었다. 그나마 겨울이 오면 언제나 아빠에게 묻는 게 중동교 다리 밑이 꽝꽝 얼었냐는 것이었다. 아빠가 만들어준 썰매에 쪼그려 앉아 못이 박힌 나무 막대로 열심히 두 팔로 얼음을 찍으면서 나름 엄청난 속도로 얼음 위를 달리는 기분이란… 그런데 달리는 내 옆엔 나는 애들이 있었다. 햇빛에 번쩍이는 칼날의 스케이트를 타고 달리는 애들을 보면 부럽기 그지 없었다. 그때부터 아빠를 졸랐던 것 같다. 처음에는 아빠한테, 그리곤 가장 힘이 센 엄마한테….

얼마나 졸랐는지 기억이 없다. 결국 스케이트를 사서 처음 신던 날. 그 날은 아빠가 따라 왔다. 그리곤 처음 스케이트 끈을 묶어 주고 타라고 했었다. 난 그해 겨울이 무지무지 오래 갔으면 좋겠다는 생각을 처음 했었다. 그 날 아빠는 열심히 밥 먹는 것도 잊어버리고 스케이트를 타던 나를 불렀다. 뭔가 회색 빛깔의 함석으로 두르고 그 곳에서 위로 가느다랗게 솟은 굴뚝에서는 김이 모락모락 나는 구루마였다. 뜨끈뜨끈하게 김이 오르는 처음 맛보는 국물이었다. 입안에 찰싹 달라붙은 단 맛이었다. 위에는 몰캉몰캉 씹히는 게 칠떡같은 뭔가가 있었는데 그것도 너무 고소했다. 간판을 뚫어져라 쳐다봤다. 도대체 이게 뭔가 싶어서. '콩국' 이었다. 그날 난생 처음 아빠가 너무 좋았다. 스케이트도 사 주고, 콩국도 사 주고 이런 좋은 날이 있나 싶었다. 너무 열심히 놀았나 그날 나는 밤새 열이 나고 심하게 아팠다. 다음 날 아침 나는 아빠 자전거 안장에 실려 아프면 늘 가던 병원에 갔다. 달리는 자전거 바람이 너무 시원해서 병원에 가지 않고 더 타고 싶다고 아빠에게 조를 뻔 했다.

이후에도 겨울이 오면 스케이트를 타러 갔고, 콩국 구루마는 늘 거기 있었다. 하지만 아빠와 함께 오지 않는 이상 그걸 사 먹을 여유가 내겐 없었다. 그러다가 언젠가부터 콩국 구루마가 보이지 않게 되었고, 어느새 다리 밑에서 스케이트를 탈 나이도 지났다.

얼마 전 대구 유명 음식에 대해 친구들과 얘기하다 내가 콩국 얘기를 꺼냈고, 그걸 잊지 못하겠다 했더니, 지금은 옛날 콩국을 맛볼 수 있는 곳이 거의 없단다. 찾아찾아 가야한다는 얘길 들었다. 남구에 있는 무슨 콩국이라는 상호라고 하는데… 시간이 되면 꼭 가서 먹어 봐야지. 어린 날 중동교 밑에서 아빠가 사 주었던 그때, 그 맛이 그대로일까?

근태 파이팅

김근태

'어, 근태다. 왜 저기 있지? 암튼 파이팅!'

친구들의 의아해하는 모습과 얼떨결에 던지는 응원 소리를 뒤로하며 나는 달렸다.

캠퍼스를 떠올릴 때면 대학 축제 때의 기억이 먼저 떠오른다.

지금 생각해봐도 어떻게 버텼나 싶은 고3을 끝내고 드디어 대학생이 되었던 첫 해. 막상 공대를 지원했지만 마음에 드는 학과가 없어 무작정 신설학과여서 그나마 선택한 이유로 지원한 터라 별로 오고 싶지 않은 학교에 오게 된 것부터 맘에 들지 않았던 나는 학교 생활에 그리 큰 의욕도 없이 그해 87년 신입생이 되었다. 호헌 철폐와 대통령 직선제를 위한 시위와 데모가 한창이던 때였다. 최루탄 연기와 보도 블록을 깨서 만든 짱돌들이 가득한 교문 앞에서 나는 여전히 무기력했다. 아는 것 없이 무작정 따라하는 것은 멍청하거나 생각 없는 이들이 하는 것이라는 생각에 확실한 역사관과

투철한 의식을 갖고 있는 민주 투사를 자처하는 친구들과는 애초부터 거리가 멀었다. 때로는 그들에게 휩쓸리거나, 그래도 동맹휴학하는 판에 체면은 차려야지 하는 생각에 데모에 참여하기를 몇 번. 그러던 사이 6.29 선언으로 민주화의 봄은 그렇게 갑자기 왔다. 모두가 좋아라 했지만, 나에게는 늘 휴강이 많아 내 시간이 많고, 1학기, 2학기 모두 시험 한 번으로 학점이 나와 편하게 지나간 한 해였다는 거 외엔 특별한 감흥은 없었다.

학원 민주화로 시끌시끌하던 중에도, 등하교를 하다 보면 어디서 "강철~" 하고 분위기 파악 못하고 한쪽을 눌러쓴 베레모에, 각진 검은 사각 가방을 왼손에 들고 목이 터져라 거수 인사하는 이상한 애들이 있었다. ROTC 후보생이었다. 뭔 일인가 싶어서 돌아보면 멀리 떨어져 있는 선배에게 인사하느라 그러고 있었다. 뭐 100미터 앞에 저 멀리 선배가 있으면 그 선배가 인사를 받아 줄때까지 하는 것이 그들의 인사 문화란다. "학교가 군대냐? 군대 놀이하고 싶으면 군대에서 하지, 왜 학교에서 지랄이냐?" 우리끼리 욕하고 학교 게시판에도 이런 문화를 없애야 한다는 비판 대자보가 늘 올라왔지만, 나는 한편으로 늘 깔끔하게 제복 갖춰 입고 절도 있는 모습으로 그들만의 문화를 지켜가는 모습이 꽤나 괜찮아 보였다.

어느 새 1년이 훌쩍 가고 2학년이 되었다. 군대를 언제 갈 것인가 고민하는 시점이 되었다. 그 때 ROTC 지원 공고를 보게 되었다. 나중에 장교로

임관하고, 3,4학년에는 장학금이 나오고 생활비도 일부 지원된다는 혜택 내용도 있었다. 한번 도전해 보자는 생각이 들었다. 집에도 도움이 될 수 있고, 내가 처음으로 내 인생과 관련된 중요한 선택을 스스로 결정한다는 희열감도 들었다. 대신 최종 합격 때까진 집에 얘기하지 말자고 생각하면서 지원서를 냈다. 학점은 괜찮으니 자신 있었고, 문제는 체력이다 싶어 매일 조금씩 준비해 나갔다. 드디어 서류 전형 통과자에 대한 체력검사일 공고가 났다. 어라, 체력 검사일이 대학 축제 기간 중이었다. 매년 전통이란다. 더 웃기는 건 체력 검사 마지막 종목이 오래 달리기인데 그 코스에 대학 축제가 열리고 있는 메인 구역이 포함되어 있었다. 마침내 체력 검사일이 되었다. 그 동안 착실히 준비한 게 효과가 있었는지 줄곧 항목별 상위를 달리고 있었고, 마지막 오래 달리기에서도 상위 그룹에서 달리고 있었다. 마침 우리 과도 축제에서 주막촌을 열고 있었는데 그 앞을 지나게 된 것이다. 주막촌 오픈 준비를 하던 친구들이 멀리서 뛰어오고 있는 이상한 그룹애들을 보다가 나를 발견하고 소리를 지르는 거였다. 졸지에 나는 대학 축제 프로그램에 달리기 시합이 있는데 과 대표로 출전한 선수가 되어 버렸다. 쪽팔림을 뒤로하고 친구들의 응원을 받은 나는 예상했던 대로 좋은 점수로 체력 검사를 통과하여 최종 면접을 앞두게 되었다.

이제는 집에 얘기해야 했다. 부모님께 학군단을 지원했고, 최종 면접을 앞두고 있다고 말씀드렸다. "오,훌륭하다. 잘 했다."는 소리를 들을 줄 알았는데 두 분 반응이 별로였다. 좀더 생각해 보고 결정하자고 하셨다. 그리고 며칠 후 다시 얘기 꺼냈더니 여전히 반대였다. 내가 얼마전에 몸이 아파서 병원 신세를 진 것이 이유였다. 결국 지원을 포기하게 되었고 이후 2년 마치고 휴학하면서 일반병으로 군대에 가게 되었다.

장교로 가지 않고 일반병으로 군대생활을 하게 된 것을 지금 생각해 보면 아쉽다. 회사를 다니면서 장교 출신들이 우대받으며 승진하는 걸 보면서 약이 오르는 경우도 있었고, 장교 경력이었으면 내가 좀 더 좋은 직장에 갈 수도 있는 기회를 잡을 수 있지 않았을까 하는 아쉬움도 있다. 하지만 인생이 계획된 대로, 맘먹은 대로 되는 게 아니니까. 진짜 ROTC 하면서 어떤 일이 있었을지도 모르는 일이다.

캠퍼스를 달릴 때 열심히 응원해 주던 친구들이 생각난다. 사실 직장 생활을 하면서 열심히 응원해주는 동료들을 만나기 쉽지 않다. 적어도 나는 사심없이 최선을 다해 응원해 줄 수 있는 사람이 되고 싶다.

집으로 가는 먼 길

임혜미

그 동네에 사는 동안은 버스가 목적지에 도착하기 전에 내릴걸. 두 정거장 정도를 걸어서 다녔다면, 그랬으면 그 동네에서 좀 더 오래 살 수 있었을까.

652번 시내버스에 앉아 길거리를 내려다보면 휴대폰 매장과 슈퍼와 과일가게, 식당이 연이어 지나간다. 광고판이, 전단지가, 사람들이 곳곳에 있다. 대구 시내버스에서 보던 풍경과 다르지 않았다. 서울인지 대구인지 모를 길거리를 물끄러미 보다 버스에서 내려 집에 들어가면…. 여긴 대구가 아니라 서울이구나! 실감하게 하는 내 집이 나왔다. 집이라기보다는 내 방 정도로 말해야 할까. 대구에서 살던 원룸보다 삼분의 일 정도 작은 공간. '게스트하우스 고시텔'.

대학을 졸업할 즈음부터 다른 친구들처럼 여러 군데 원서를 내고 면접을 보았다. 한두 명씩 자신의 길을 찾아 떠났다. 대구에는 내 자리가 없는 것 같았다. 서울로 가야겠다, 생각했다. 서울에서 대학을 다니고 자리를 잡은 친구들을 떠올렸다. 그들처럼 되고 싶었다. 종로에서 홍대에서 밤늦게까지 놀아도 돌아갈 집이 있는 친구들. 내려가는 기차를 예매하고 때때로 시간을 확인하지 않아도 되는 서울 친구를 부러워한 기억이 떠올랐다. 구직사이트의 지역 선택 범위에 서울도 포함했다. 원서를 내고 면접을 보러 갔다. 서울까지 가는 이동시간에 비하면 면접 보는 시간은 많이 짧았다.

대구의 자취방으로 돌아와 인터넷으로 고시텔을 찾아보았다. 위치나 평수, 창문의 유무, 화장실이 공용인지 개별인지 등의 옵션에 따라 가격이 천차만별이었다. 입구 CCTV와 창문, 개별욕실이 있는 곳으로 골랐다. 최대한 다른 사람들과 마주치지 않았으면 좋겠다, 안전했으면 좋겠다고 생각했다. 나의 네 번째 자취방이었고 내가 혼자 살 집의 기준이 생겼을 때였다.

가산동 주민센터 버스정류장에 내려 3분쯤 걸으면 고시텔이 있는 건물이 보인다. 엘리베이터를 타고 3층에서 내리면 입구에 사물함 같은 신발장이 있다. 세 켤레 정도 넣을 수 있는 크기다. 신발을 넣어놓고 로비의 총무실을 지나 왼쪽으로 꺾으면 공용 주방이 나온다. 주방을 지나 오른쪽 세 번째가 내 방이었다. 다섯 평이 안 되는 공간. 그 안에 침대, 책상, 화장실이 다 있었다. 양쪽 방을 구분하는 벽은 시야를 가려주는 역할만 할 뿐 소리까지 막아주지는 않았다. 복도에, 옆 방에 들릴까 봐 tv소리도 작게, 통화도 작게 했다. 공용 주방에서 계란 프라이를 하는 동안엔 다른 사람과 마주칠까 봐 신경을 곤두세웠고 자기 전엔 창문과 방문이 잘 잠겼는지 여러 번 확인했다.

편히 쉬기 힘들었다. 대구에서 살던 원룸이 그리웠다. 여긴 잠깐이야, 몇 달만 살다가 나갈 거야. 동네에 적응하고 난 다음 원룸을 알아보자. 전세는 2년 계약이니까. 급하게 구했다가 마음에 안 들면 다시 이사하기 힘들잖아. 하며 불편한 마음이 금방이라도 날아갈 것 같으면 돌멩이를 주워다 마음을 눌렀다. 공용 주방에서 만든 간장계란밥을 방에 가지고 와서 먹으며 컴퓨터로 원룸을 찾아보았다. 다른 곳으로 갈 거라는 목표를 희망의 불씨처럼 안고 지냈다.

회사를 다닌 지 한 두 달 지나면서 원룸보다 구직사이트를 보는 시간이 늘어났다. 직장을 옮기고 싶었다. 회사가 이야기하는 비전이 나에게는 보이지 않았다. 앞으로 어떻게 하지? 더 다니면 좀 좋아지려나? 2년은 다녀야 이력서에 경력으로 쓸 수 있을 텐데. 여기에서의 경험이 내게 도움이 될까? 아무래도 아닌 것 같아 돌아갔다. 대구의 자취방도 아닌 포항 본가로. 오년 만이었다.

그렇게 나는 돌고 돌아 다시 집으로 돌아왔다. 엄마는 내게 특별히 나무라는 말도 위로의 말도 하지 않았다. 다만 내가 좋아하는 된장찌개에 고등

어구이 살을 발라 고봉밥 위에 올려주었다. 그리고 내가 밥을 다 먹는 동안 식탁에 앉아 아무 말도 하지 않고 나를 가만 바라보기만 했다. "천천히 먹어!" 엄마는 내 앞으로 물컵을 슬몃 밀어주었다. 그때 나는 아주 먼 곳을 돌아 드디어 집으로 돌아왔다는 것을 깨달았다. 고시텔 방 안에서 먹던 컵라면이나 편의점 김밥이 아니라 집밥을, 진짜 밥을 먹었다. 먹고 나면 이유 없이 더부룩하던 그런 음식이 아니고 몸과 마음을 데워주는 밥을 그런 저녁을 먹었다. 뜨거운 것이 목구멍 가득 몰려 왔지만 끝내 눈물을 밀어내지는 않았다. 그러면 나의 실패가 너무도 자명해질 것 같았다. 엄마 앞에서 그 모습까지는 보이고 싶지 않았다.

남아있는 기억으로 카카오 맵에서 그 건물을 찾아보았다. 가장 과거에 찍은 2008년의 로드뷰를 열었다. 내가 잠시 있었던 거리가 나왔다. 여기서 버스를 타고 여기서 김밥 포장을 해왔었지. 만들기를 질색하는 내가 외로움을 달래려고 뜨개방 입구를 기웃거렸었지. 누구라도 얘기할 사람과 공간이 그리워서 목 안쪽이 울렁거리며 그곳에 있었던 내가 보였다. 실패한 나의 시간과 마음들이 거기 있었다. 돌이켜봐도 다시 가고 싶다거나 그리운 추억의 장소는 떠오르지 않는다. 철저히 혼자임을 느끼게 해주는 높은 건물과 길거리만 생각날 뿐. 마음을 두고 온 곳이 하나도 없다.

그 뒤로 14년이 지났다. 본가를 떠나 살던 신혼집에서 이사를 한 번 더

했다. 지금 살고 있는 송정동을 떠나면 나는 이곳을 떠올리며 그리워하게 될까.

자주 다니는 길이 있다. 봄에는 벚꽃을 보고 여름엔 돌에 부딪히는 개울 소리를 들으며 걷는 금오산 둘레길. 가을엔 낙엽 빛으로 바뀌는 가로수 아래의 은행을 피해 가며, 겨울에는 오리 가족들이 잘 지내는지 궁금해 물길에서 눈을 떼지 못하며 걷는 길. 끝에는 금오산이 보이고 양 길가엔 작은 가게들이 모여있는 골목이 있는 곳. 목적지를 입력해 가장 빠른 길을 찾아가는 내가 시간이 더 걸려도 골목길을 들어가 돌아 나오게 하는 정든 장소가 있는 곳. 그 길을 제일 그리워 할 것 같다.

걸음을 멈춘다. 앞에 여러 갈래의 길이 있다. 이쪽으로 가면 어디가 나오더라? 생각이 나지 않는다. 그냥 발을 뗀다. 엉뚱한 방향일 수도 돌아가는 길일 수도 있다. 시간이 좀 더 걸리겠지만 괜찮다. 집이 어딘지 잊은 건 아니니까. 천천히 가다 보면 그 길에 정이 더 들 테니까.

아홉 개의 문장으로 된 한 편의 글

김민선

1. 배꼽이 빠지게 웃었다

개콘이 망한 건 너네 때문이라더니 섬네일이 괜히 그렇게 붙은 게 아니었다. 내가 호감을 갖고 대하는 상대라 그런가 싶어 다른 영상 하나를 더 눌러본다. '아, 얘네 뭐지?' 개그 코드가 아니 개그 코드마저 내 과다. 몇 년 동안 아재 개그를 주로 들어와서 그 이후로 이렇게 깔깔거리며 웃다가 눈물이 찔끔 나는 게 꽤 오랜만이다. 참, 나는 너무 웃기는 순간에 무릎에 힘이 빠져 스륵 주저앉아 버리고 마는 버릇이 있다. 혹시나 나와 대화 중에 웃다 말고 주저앉는 걸 본다면 '얘가 지금 찐웃음 구간에 들어갔구나!,내 유머가 먹혔구나!' 생각하면 된다. 배꼽이 빠지는 대신에 내 무릎에 힘이 빠지는 것이다. 그 말이 그 말이네. 그러고 보니 작년에 다리에 힘이 풀린 순간을 다섯 손가락 안에 꼽는다. 그걸 자각하고 나니 왠지 모를 허무함이 밀려왔다. 하지만 올해엔 마음을 비웠다. 그런 일로 나의 기분을 혹은 내 상태를 규정

하지 않으려 한다.

2. 크레이프 케이크

아주 얇게 구워낸 크레페를 한 겹 한 겹 쌓아 올려야 완성되는 케이크

슬픔 한 장 고통 한 장 불행 한 장 기쁨 한 장을 번갈아 가며 켜켜이 쌓아 올려 인생이라는 케이크를 만드는 일

불행도 인생이다.

3. 다음 날

선뜻 곁을 내어준 시인의 말로 마음을 가득 채우고 돌아온 날

이른 새벽 열어둔 창 너머로 핑크빛 가득한 하늘이 내다보였다.

너무 이뻐서 이쁘다고 남기고 보니 부족해.

"새벽녘, 무심코 내다본 하늘에 온통 가득한 게 너 인지 내 마음인지라고 써 본다"

4. 잃은 후에

해마다 피는 벚꽃이 아름답다는 걸 너희들을 잃은 후에 알게 되었어. 해마다 피는 그 하얀 꽃이 뭐 그리 이쁘다고 저렇게 몰려 떠밀려 다니는 건지

좀처럼 이해할 수 없었어. 벚꽃 보다 먼저 매화, 목련, 개나리가 피고 벚꽃이 지고 진달래, 철쭉이 그리고 연꽃, 능소화가 피는지를 너를 잃고 나서야 알아차렸어. 늘 가까이 있어 소중한지 몰랐던 것들, 또 볼 수 있다고 생각했던 순간들, 늘 함께할 수 있다고 믿었던 날들. 함께 하던 모든 순간들이 영원할 줄 알았어. 영원을 빼고 모두 영원할 줄 알았어

5. 그런 날이 있었다

'죽을까? 그냥 죽으면 될까? 죽어도 되겠지? 살아서 뭐해?' 싶던 날들이 있었다. 나의 쓸모가, 나의 존재가, 대체 뭔지 모르던 날들이 있었다. 쓸모의 있고 없고의 기준을 어디에 뒀던 건지, 죄다 내가 아닌 다른 것들, 내가 속하지 않은 관계에다 맞춰두고 나의 부재를 내 멋대로 판단하며 '나 하나 사라져도….' 하는 생각을 했던 날들이 있다.

구체적으로 어느 시기에 가야지. 했던 날이 있다. 막상 그즈음 '죽고 싶다' 아니 '내가 혼자가 아니구나!' 하는 장면이 등장했다. 집안에 경사가 있어 오랜만에 친척들이 모두 모여 집에서 손님치레를 한 날. 서울이라 자주 못 보고 보더라도 금방 헤어지는 이모네, 특히 이모부가 몇 년 만에 오신 날이다. 그날도 식사만 하고 바로 일어날 예정이었다. 이런저런 안부 인사

와 오랜만의 이야기를 나누다 만두 이야기가 나왔다. 집에서 만두 빚는 일은 겨울에 가끔 하는 일인데 이건 순전히 강원도가 고향인 아빠 영향이다. 아빠가 돌아가시고 집에서 사라진 몇 가지가 있는데 만두 빚기도 그중 하나이다. "집에서 만든 손 만두 먹고 싶어요!" 했더니 이모부가 당장 "그거 뭐 어려운 일이냐고 재료 사 와. 하면 되지!" 하시며 양복바지 차림에 와이셔츠 팔만 둥둥 걷어 올리시고 만두피 반죽을 시작했다. 순식간에 필요한 재료를 사다 나르고 엄마와 이모는 만두소에 더할 김치를 준비하고 모두가 갑자기 만두 빚는 일에 동참했다. 현관에 신발을 더 벗어둘 곳 없을 정도로 모인 식구들이 모두 둘러앉아 만두를 빚었다. 아마 그때였을거다. 혼자 잠시 일어난 순간 영혼이라도 빠진 듯 위에서 내려다본 만두 빚는 식구들을 휘이 둘러보며 소리 없는 울음을 삼키며 '죽어야지'하는 생각도 같이 삼켜버렸다.

6. 단무지 예찬

그러니까 나에게 단무지 신세계를 경험하게 해준 건 영주 〈중앙 분식〉 쫄면이었다. 이 집은 단무지도 길게 잘라 만든 걸 내어주고 무엇보다 쫄면 맛의 킥이 바로 단무지 채였다. 다른 채소 채들은 다른 쫄면들과 별다를 게 없었지만 이 집 만의 단무지가 이 집 쫄면 맛을 몇 배는 올려주었다. 그 이

후로 만두 먹을 때 말고는 잘 안 먹던 단무지를 유심히 보기 시작했다.

그리고 또 두 번째로 기억하는 단무지는 왜관 〈지란방만두〉 이 집은 홀에서 먹을 때랑 포장해서 주는 단무지 만두 간장 맛이 다른데 (매장에서는 간장 손님 셀프 제조이니 다를 수밖에 없다) 포장을 해야 만들어두신 간장 & 1/4로 조각낸 90도 부채꼴 단무지가 들어있는데 커다란 만두 한입 단무지 한 조각 입에 넣으면 입안에서 둘이 춤을 추는 맛이다. 다른 만두 먹을 때마다 각각 내어주는 단무지와 먹어보았지만 지란방 콜라보는 따르는 게 없다. 그리고 늘 단무지를 유심히 보게 되었다. 도대체 무슨 맛이 나야 하냐고? "단짠 맛보다 새콤달콤한 맛이 먼저 느껴져야 한다." 내가 부러 식초를 더하지 않아도 그냥 그대로 맛있는 단무지들이 분명히 있다.

자주 애용하는 다른 만둣집에 늘 단무지 맛이 아쉬워 몇 년 전에는 심각하게 "사장님 단무지 좀…" 하고 말하고 싶어 혼이 났다. (말하지 않았다. 그저 포장할 때 단무지는 됐어요.;; 할 뿐!!) 그러다 몇 달 전 같은 집 만두를 샀고 단무지를 주시는데 기존과 빛깔이 달랐다. 어차피 공장 단무지인데 뭘… 할 수도 있는데… 분명 다르다. 모양도 맛도 달라!

며칠 전 장우동 에서 만난 단무지가 마침 또 내 취향 단무지라 비빔만두와 같이 곁들이니 역시 맛이 딱이야. 얇게 슬라이스 된 단무지를 골라 같이 말아먹으니 영주 쫄면 느낌이 나는 게 또 그렇게 반가운 거다.

7. 사랑한다는 말 대신

밥 먹자! 밥은? 하고 하루에도 몇 번씩 확인한 날들이 있다. 같은 질문을 받은 날에는 이미 식사를 한 후였지만 아직이라고 답하고 시장했다는 듯 밥을 또 먹은 날도 있고, 어떤 날은 고픈 배를 부여잡고 너의 시간을 기다린 날도 있다. 밥은 먹었어? 하는 질문의 반은 정말 밥을 먹긴 했는지 안부를 묻는 것이고, 나머지 반은 사랑한다는 말, 힘내라는 말, 넌 혼자가 아니라는 말들의 대신이었다.

배가 부를 때도 당신 한 번 더 보려고 배고프다고 맛있는 거 사줘 하기도 하고, 배가 고플 때도 나 먹고 싶은 것보다 당신이 좋아하는 그날그날 먹고 싶다는 새우 찜이나 곰장어를 먹기도 했다. 너무 매워서, 혹은 가위로 자를 때마다 하얗게 나오는 곰장어의 일부가 징그러워 순간순간 어깨에 힘이 들어갈 만큼 움찔해하면서도 당신과 함께라면 모두 산해진미가 부럽지 않은 귀한 밥상이었다. 한 입이라도 더 먹는 거 보는 일이 좋았다. 대충 때우거나 건널 당신의 한 끼가 모두 중요했다.

요즘도 나는 다른게 궁금한 게 아니다. 보고 싶은 것도 아니다. 그저, 요즘은 밥 잘 먹고 다니니? 가 궁금할 뿐… 아주 가끔….

8. 어자로 태어나서

외가로 가는 길에 꼭 지나야 하는 도로는 나와 나이가 같다고 했다. 기억 속 그 길과 현재의 왕복 6차선은 그때와 모습이 또 다르다. 아스팔트 포장도로가 생기기 전에 엄마는 나를 낳으러 공단에 있는 순천향 병원으로 택시를 타고 갔다고 했다. 임부복이 뭐야? 첫아이라 그런지 그저 청바지 단추 풀고 셔츠를 입으면 표시가 하나도 안 날 정도라 했다. 입원할 때는 한 몸이었지만 퇴원 길은 따로였다. 내가 황달이 심해서 엄마 혼자 먼저 퇴원을 하고 며칠 뒤에 나를 데리고 외가를 갈 수 있었다고 나를 퇴원시켜 나왔는데 외가로 돌아가는 길이 막혀서 옛날 길로 빙 둘러 갔어야 했단다. 뭐 그 시절 왕복 2차선이 고작이었을 테고 충분히 그럴 만도 하다.

그런데, 새사람이랑 함께 돌아오는 길이 막혔다며 이건 좋지 않은 징조라는 소릴 했었다고, 내가 이 이야기를 며칠 전 이번 생일에 들었다. 이걸 같이 듣던 동생과 나는 놀라 눈이 휘둥그레졌다. 남동생은 엄마에게 그런 말이 어딨냐며 그리고 그런 말이 있다고 해도 그건 당사자 앞에 두고 할 말이 아니라고 하니, 엄마는 얘들이 다 지난 일이고 옛날에 그랬노라 그냥 하는 소린데 왜 그러냐?고 하는데 당사자인 나는 '하아…'

그 말은 즉, 앞으로 이 아이 앞길은 막히기라도 했다는 소리와 뭐가 다른가? 아무리 지난 일이라도 그게 누구든 당사자 앞에 할 이야기가 아니라고 반대로 누가 엄마한테 그러면 좋겠냐? 이건 듣는 상대방에게 매우 무례한 발언이라고 나의 불쾌함이 나만의 것이 아님을 짚고 넘어갔다.

전날에는 또 이런 일이 있었다. "김연경이 남자였으면, 여자로 태어나서 아쉽다. 남자로 태어났으면 더 대단했을 텐데…"식당 벽에 걸린 티브이 속 뉴스 화면에 도쿄 올림픽을 마치고 공항에 막 도착한 배구 선수단의 인터뷰가 진행 중이었다. '아, 아직도 멀었구나!' 요즘도 심지어 딸아이를 키우는 아빠도 저런 소릴 아무런 거리낌 없이 하는구나. 무섭고 참담했다.

집으로 돌아가서 본인 딸에게도 말하거나 딸도 남자로 태어났어야 더 잘 크고 잘 될 수 있다고 생각한다고 할 수 있는지 묻고 싶었지만 그러지 못했다. 부러 모나게 보일 필요는 없을 테니, 그런데 다음 날 엄마에게 내가 저런 소릴 들었으니 입도 마음도 모두 쓰다.

나는 사주, 점 등 뭐 이런 걸 보러 가본 적이 없다. 첫째는 어릴 때 귀신 겁이 너무 많아서 그냥 그 자체가 너무 무서웠고 커서는 그걸 신뢰할 만한 유형의 인간이 아니다. 나란 사람은…

그래도 늘 걸리던 게 하나, 내 생일은 음력 날짜와 양력 날짜가 한 달의 시작과 끝이다. "7월 1일과 31일" 그런데 날 가졌을 때 점쟁이가 엄마에게 조금만 일찍 태어났으면 아들이었는데 소릴 했단 건 중학생일 즘 들었었는데 이 소리조차 남아선호 사상의 일부인 건 최근 몇 년 사이에 알아차렸다.

이렇게 무참한 순간들을 마주치는 일이 없길 바란다. 나도 당신들도!!

9. 놓아주는 계절

바람결에 하나 둘 내려오는 것들이 보인다

흔히들 지금을 수확의 계절이라고 1년 치 노고를 거둬들이는 결실의 계절이라고 한다

거둬들여 채우거나 나누는 계절인 줄 알고 살아왔다

가파른 고개를 오르다 말고 한숨 돌리며 떨어지기 시작하는 낙엽들을 보니 문득 이 계절이 채우고 나누는 계절 넘어 조금 더 잘 놓아주는걸, 떠나보내기를 연습하는 건 아닌가? 하는 생각이 든다

비워내야 채울 수 있고 채우기만 하며 살 수가 없는 게 우리네 삶

떠나보내는 시간을 무사히 보낸 후 혼자 남아 시린 겨울까지 무던히 보내고 또다시 채우기 시작하는 계절을 맞이하는 것

그렇게 채우고 놓기를 반복하는 우리의 인연처럼

내가 웃는 게 웃는 게 아니야

황희순

방학 동안 일할 곳을 찾던 나에게 잠자리와 세끼 밥을 제공하는 휴게소는 만족도가 높은 곳이었다. 더할 나위 없이 매력적으로 다가온 휴게소 일자리를 마다할 수 없었고 방학 시작과 동시에 아르바이트가 시작되었다.

처음 어색했던 시간도 비슷한 또래의 여자애들과 함께여서 금방 친해질 수 있었다. 구수한 충청도 사투리와 경상도 사투리와 섞여서 묘한 시너지를 냈고 힘들었지만 재미있게 일할 수 있었다. 일을 시작하고 며칠이 지났을까? 나와 동갑인 아이와 야간시간대가 겹쳐서 주간에 잠을 자야만 했다. 그 아이는 묘한 매력이 있었다. 하얀 피부에 얼굴도 예뻤지만 혼자 다니면서도 당당한 걸음걸이가. 그 뒷모습이 멋지다고 생각했었다. 그래서인지 같은 나이였지만 또 묘하게 섞이지도 않았다.

눈인사를 하고 각자 방에서 잠을 청하려는 찰나 어딘가에서 들리는 노랫소리 "먼산 언저리마다 너를 남기고 돌아서는~" 가수 윤도현의 목소리였다. 처음에는 몇 번 듣다가 말겠지하고 같이 불렀다. 그리고 노래가 끝나려는 찰나에 눈을 감고 잠을 청하려는데 또 "먼산 언저리마다 너를 남기고~" 나도 윤도현의 노래를 좋아하지만 끊어질 만하면 들리고 반복해서 들리는 노랫소리는 정말 참기 힘들었다. 분명 인사하고 돌아섰던 그 아이의 방에서 들리는 노랫소리였다. 미친년. 진짜 미친년이 틀림없다. 그렇지 않고서야 똑같은 노래를 이토록 반복적으로 듣는 이유를 알 수가 없다. 겨우 잠들었다가 실눈을 떴는데 또 들리는 소리에 "그만해 이년아" 두손으로 귀를 틀어막고 그만하라고 소리를 지르고 싶었지만 실날 같은 이성이 나를 붙잡는다. 저년 짬밥이 몇 년이라 넌 쭈구리고 있어야 한다고 말한다. 맞는 말이다.

난 한 달도 안된 신생아라서 참아야 했다. 그 날 어떻게 잠이 들었는지 알지 못한다. 다만 눈을 떴을 때 유아기 이후 처음으로 새우잠을 자는 나를 발견하고 소스라치게 놀랐다. 그 노래를 자장가 삼으며 잠이 들었던 것이다. 불편한 몸을 일으켜 일하러 갔다. 그리고 시간이 지나면서 놀라운 사실을 발견했다. "먼산 언저리마다 너를 남기고~" 그 지긋지긋한 노래를 들으며 일하는 나를 느낀 것이다. 완전히 역전이 됐다. 귀에서 맴돌며 떠나지 않던 그 노래를 떠나보내려고 들은 노래만 수십곡이 넘었다. 언제 어떻게 그 노래가 떠나갔는지 모르겠다. 그냥 그 아이와 일하는 시간이 달라지니 조금씩 잊혀진 것 같다. 그렇지 않았다면 내가 먼저 미친년이 되었을지 모르겠다.

통통 부은 다리로 12시간을 서서 일했던 나는 일하던 2달 동안 생리를 걸렀다는 걸 아르바이트가 끝나고서야 알았다. 그냥 눈을 붙이면 잠이 들었으니 웃어도 웃는게 아닌 날들을 보냈지만 지금 생각해보면 빛나는 청춘이었다. 하지만 휴게소에 들릴 때마다 윤도현 밴드의 '너를 보내고'가 생각나는 건 아이러니하다.

돌맹이

류효인

그의 메일을 보았다. 카드 청구 내역을 확인할 일이 있어 남편의 아이디로 포털 사이트에 로그인을 해 메일함을 열어 보았다. 카드 회사보다 익히 알고 있는 일본 대기업의 이름이 먼저 보였다.

남편은 1년 전까지 일본계 중견기업에 다니고 있었다. 우리가 만나서 결혼하고 아이를 낳고 함께 하는 십여 년을 줄곧 다닌 회사. 안전에 유별나서 보행 중에 전화도 받을 수 없던 공장. 회의가 길었던, 일상 업무 외 프로젝트가 많았던, 출장이 잦았던 공장. 남편의 검은 얼굴에 유독 어울리지 않던 새파란 작업복이 내내 못마땅 했지만 누가, 어디서든 남편이 무슨 일을 하는지 물었을 때 스스럼없이 답할 수 있던 회사였다. 같은 도시에 그 기업 계열의 공장이 여러 개 있었는데 하필 남편이 다니는 곳만 철수 결정이 났다. 사양 되었다. 남편의 공장에서 생산하던 제품은 이제 신기술에 밀려 팔리지 않았다. 새 유리를 끼운 제품이 라인 위에 쏟아지고 있었다. '왜 하필'

같은 원망이 들 때면 '그래도 다행이다'를 되뇌었다. 남편의 회사는 정리하는 시간을 주었고, 위로하는 돈을 주었다. 어디에서는 하루아침에 정리된 사람들이 길 위에 집을 짓고 보수 없는 출근을 하고 있는데 우리는 그에 비하면 행운에 가까운 일이라며 서로를 다독였다.

위로금은 정말로 위로가 되었다. 완성될 것 같지 않던 조합원 아파트. 계약서에 도장을 찍은 지 4년이 넘은 아파트의 입주일이 다가오고 있었다. 살고 있던 아파트에서 탈출하는 심정으로 계약한 아파트였다. 우리에게 얼마가 있는지, 얼마가 필요한지, 그곳 밖은 얼마나 위험할지, 그런 계산은 탈출하는 입장에서는 불필요한 것이다.

딱 우리가 필요했던 만큼의 돈이 통장에 들어왔다. 울지도 웃지도 못했다. 막막하면서 안도하면서, 근심이 쌓이다가도 희망이 움트고, 반대로 꿈을 꾸다가도 화들짝 깨고는 했다. 내가 가구를 고르는 동안 남편은 구직활동을 했다. 남편은 까다로운 사람이 아니다. 할 수 있는 일, 원하는 업무 환경, 회사의 규모. 그런 조건은 다 상관이 없이 월급 300만 원만 넘으면 무엇이든 할 수 있다는 자세였다. 하지만 그런 회사들은 남편의 스펙을 원하지 않았고, 남편의 실업 상태는 길어졌다. 주어진 일을 처리하는 것 외에 시간을 사용하는 법을 몰랐던 남편의 세계는 7평 남짓의 거실로 좁아졌다. 좁은 집의 거실 중앙을 차지한 남편의 덩어리는 실제 부피 그 이상의 공간을 차지했다. 그 덩어리는 신기하게도 눈에만 들어찬 것이 아니라 내 속에까지 밀고 들어와 무겁고 숨 막히게 했다. 결국 남편은 충청북도 음성으로 혼자 떠났다. 좁은 집과 좁은 마음에서 침입자 같은 남편과 몇 개월을 땅따먹기하다가 결국 내가 이긴 기분이었다.

혼자서 이사를 했다. 새집 시공을 제대로 하지 않은 업체와 싸우고, 가구 밑에 이불을 깔아 혼자 끌며 집을 정리했다. 남편은 내 이야기를 가장 많이 들어주던 사람이었다. 살아가는 것과 직접적인 관련이 없는, 돈이 되는 것과는 먼, 삶의 의미라던가, 자유와 실존 같은 형이상학적 이야기를 끝까지 듣고 자신의 의견도 솔직하게 내보여주던 사람이었다. 남편은 또한 마음 깊이 딸 아이를 사랑하던 사람이었다. 아이가 어릴 때부터 기저귀를 갈고 씻기는 것을 피하지 않았고, 아이를 재우고 단둘이 시간을 보내는 것도 두려워하지 않던 사람이었다. 이번엔 집이 넓어진 실제의 평수보다 더 큰 공간의 빈자리가 느껴졌다. 하지만 달리 어쩔 수 있단 말인가.

남편과 주말 부부 생활이 1년을 달해 가던 어느 날 그 메일을 보게 되었다. 누구나 아는 일본 회사로부터 온 메일. 남편의 전 직장과 같은 동네에 있는 그 회사의 공장 2차 면접에 남편이 합격했다는 내용이었다. 얼마 전 필요한 서류가 있다며 평일에 잠시 들른 적이 있는데 그게 면접이었던 모양이다. 순간 작은 배신감이 들었지만, 충분히 그럴 수 있는 사람이었다. 한

편으로는 신중하고 한편으로는 겁이 많았다. 이런 감정은 배신이라기 보다는 나 모르게 준비한 생일파티를 맞을 때의 느낌에 가깝다. 나는 한편으로는 활자로 새겨진 증거를 수집하고 한 편으로는 항간에 떠도는 것을 두려워했다. 입 밖으로 내뱉으면 손안의 것도 으스러질까봐 남편의 전화번호를 누르다 멈췄다. 주말에 집에 와서도 남편은 그 메일과 관련해 아무 말도 하지 않았다. 나도 묻지 않았다.

메일의 내용에 따르면 3차 면접은 건강검진이었다. 회사 생활을 하는 친구에게 내 일이 아닌 척 채용 면접에 관해 물어보았다. 건강검진은 통상적으로 하는 절차 같은 것이고 2차까지 붙었으면 큰 변수가 없는 한 채용이라고 보면 된다고 했다. 증거를 하나 수집하였다. 순간 긴장이 풀어지며 내 남편의 일이라고 털어놓고 축하를 받았다.

남편은 병원에서 검진을 받기 전날에서야 면접 이야기를 했다. 알고 보니 전 직장의 동료들에게 소문이 다 났고(면접을 본 회사로 이직한 전 직장의 동료가 누구에게 그가 또 누구에게, 그런 식으로), 여기저기서 축하를 받은 상황이었다.

"전 회사보다 높겠지?"

내장에서부터 궁금하던 걸 물었다.

"아마도."

목적어가 빠진 문장이었지만 뜻은 통했다.

"공사가 거의 마무리된 것 같은데…."

회사에서 지정해 준 병원에 건강검진을 받으러 가는길에 집 근처에 새로 내는 도로를 보며 남편이 말했다. 우리가 사는 곳은 동네 이름 뒤에 '개발지구'라는 명칭이 붙었다. 서로 다른 시공사가 올린 두 아파트 말고는 주변에 건물도 없고 도로도 변변치 않아 직선으로 뻔히 보이는 거리도 한참을 돌아가야 했다. 안 보이는 답답함 보다 보여서 더 답답한 것도 많다. 아이가 늦잠을 자 학교에 늦었을 때는 다 닦아놓고 몇 달째 바리케이트를 쳐 놓고 열어주지 않는 그 길이 마치 나를 조롱하는 것 같았다.

한동안 부드럽게 지냈다. 범칙금, 수수료, 배송비 같은 것들에 너그러워졌다. 그 부드러운 생활 속에서 우리(남편과 나)는 종교가 없음에도, 일련의 일들이 우리의 노력이나 합당한 원인 같은 것과는 무관하다는 느낌을 받았다. 퇴직도, 위로금과 이사의 타이밍도, 주말 부부 생활도, 지금의 잭팟 역시 우리를 대신한 누군가가 마구잡이로 던지는 돌멩이가 날아가 떨어지는 어느 지점일 뿐인 것 같다는 느낌이 들었다. 그 느낌은 잇따른 반전 상황으로 인해 더욱 강렬해졌는데 충격적이게도 남편은 건강검진에서 탈락했다. 간의 염증 수치가 높다는 이유였다. 자료를 찾아보니 그런 사례에 대해 인권위에서 차별의 시정을 권고한 바가 있었다. 나는 강하게 반발했다. 남편을 떠밀어 다른 병원에서 재검을 하게 하고, 그 사항에 대해 의사의 소견서를 받았다. 아무 권한도 없는 헤드헌터에게 전화를 걸어 항의하고 발악했다. 소용없으리라는 걸 예상했지만 누구에게든 순순히 지고 싶지 않았다.

우리는 나쁘게 살지 않았어. 불평하지 않았어. 바라지 않았어. 이런 거 원하지 않았어. 그런데 왜. 대체 왜.

결국 우리는 돌아가야 했다. 삶은 이론적이지도 과학적이지도 않았다. 엉터리에다 폭력적이고 제멋대로, 말이 안 통하는 독재자 같았다.

집을 나설 때만 해도 어제와 같았는데, 자동차 정기 검사를 받고 돌아가는 길엔 달라져 있었다. 바리케이드가 철거된 것이다. 마치 내가 진입하기 직전에 문이 열린 것처럼 왕복 4차선 도로 위에 아무도 없었다. 약간 경사진 길에 비밀스럽게 들어서 엑셀레이터를 밟았다. 70,80… 110km/h. 경사진 길의 꼭대기에서 차가 잠시 날았다. 하늘에 달려들 듯 속도를 높였다. 심장이 빨리 뛰고 호흡이 가쁘고 속에서 무언가 끓어 올라 가득 찼다. 이유를 알 수 없는 눈물이 쏟아졌다.

그 여자

신현희

남몰래 이 세상 어딘가 숨어서라도 당신의 아이 하나 키울 수 있다고 생각했어요.

히비스커스 정원으로 난 들창에 나란히 앉아 담배 한 개비를 피우고 난 후 이십여 년 만의 그에게 술김에 겨우 건넨, 오래 마음에 봉인되었던 말이 불쑥 입 밖으로 튀어나온 건 남프랑스 아를의 무더운 여름밤이었다. 묵혀두었던 긴 시간에 비하면 짧은 단문이었고 한줄기의 눈물뿐, 못내 아쉬운 도둑고양이처럼 그의 품을 훔쳤으나 첫 경험의 사춘기 소년 같던 그의 떨림에 비하면 이상하게도 입맞춤의 설렘과 여운이 그녀에겐 없었다.

아, 당신을 향하던 내 열망도 이제는 끝이군요!

존경의 마음이 사랑으로 변한 거야. 손 한 번 잡고도 스무 해 꿈을 꾸었으니 입맞춤은 틀림없이 까무러칠 만큼 아찔할 거야. 시작도 못 한 사랑의 기준이 '까무러칠 만큼의 아찔함'이었는데 애간장을 끓이며 곰삭았던 긴 시간은 낯선 얼굴로 달아나 버렸고 알 수 없는 허전함만 남았다. 다시 만난 그는 흔들리는 여행 버스 안에서 피카소의 게르니카를 그린 부채를, 여행을 마친 후에는 짧은 문자를 주었다.

피곤은 다 풀렸니? 반가웠었다. 열심히 사는 모습이 대견했다.

당신이 계셔 더욱 완벽한 최고의 여행이었어요.
눈 감으면 또 다른 빛깔로 떠오를 그리움, 그 찬란한 햇빛,
오래 기억할게요.
멀리서나마 오래 강건한 모습 뵐 수 있기를,
앞으로의 제 시간도 편안하고 여유가 생기길 소망해요.

그래야지, 프랑스 사람처럼 편하고 밝게!

그 후로도 여섯 해가 흘러 또다시 만날 기회가 생겼을 때는 애써 태연한

척하였지만, 가슴이 설렘으로 두방망이질 친 건 낙엽이 지기 시작하는 계절 탓이었을 게다. 어떤 행사 자리에 참석한다는 것, 일행이 있지만 잠시 차는 마실 수 있다는 문자를 주고받았고 함께한 유럽 여행에서 샀던 신발과 가방, 니스 해변의 조약돌로 펜던트를 한 목걸이를 오랜만에 꺼냈다.

행사장에 먼저 도착하여 어디쯤이냐 묻는 그의 전화 목소리는 뜬금없다 할 만큼 밝게 우렁찼고, 길게 늘어선 사람들에게 사인하면서도 고개는 연거푸 출입구를 향하고 있었다.

기차를 타고 내려오는 동안 그림을 그린 부채가 맘에 들었으면 좋겠다.
이름 쓴 것이 남의 눈에 띌까 부담되면 어쩌나 싶지만
지울 땐 지우더라도 속에 남아 있으면 된다 싶고, 암튼 내 마음의 표현이야.

라며 이번에는 김환기의 작품을 그려 주었다. 먼저 강연장으로 들어와 뒤쪽에 자리를 잡고 그에게 전할 꿀에 재운 홍삼편 병에다 이름을 쓰며 며칠 전부터의 긴장이 다소 풀어지던 찰나, 식전 행사의 현악삼중주 두 번째 곡 Moon River가 연주되자 격한 어깨 떨림과 함께 왈칵 소리 없는 통곡으로 무너지고 말았다. 마침 외진 자리라 다행이다 싶었는데 비켜 뒷자리에 바로 그가 앉아 있는 거다. 당혹감에 눈물 훔칠 겨를도 없을 때, 처음 출전하는 소년병의 표정으로 잘 다녀올 게 손짓을 하며 무대로 나가는 그는 초로의 길에 들어섰으나 아직은 여전히 멋진 신사, 그의 강연이 진행되는 동안 머릿속은 만감이 교차하였다.

그날 아침부터의 설렘이 결국에 눈물로 터진 것은
순전히 Moon River 때문이었어요.
이곳 최고의 커피 맛을 보여 드리고 싶었는데 아쉬워요.
홍삼밀(紅蔘蜜)은 소량이지만 사흘 밤낮으로 만든 거예요.
당신 마음 담아주시는데 여부가 있겠어요?
열다섯 계집애도 아닌 쉰 넘어 늙어가는 여자의 수인무언별곡(羞人無言別曲),
남몰래 들춰보는 마음의 서랍, 떡갈나무숲 아무도 모르라고
도로 덮고 내려오는 옹달샘이지요.
큰 애가 내년 봄 이른 결혼을 앞두고 있는데
철없고 미련한 어미는 다만 부끄러울 따름입니다.
늘 강건하시길 기도합니다.

평생을 함께하겠다며 갓 결혼한 새댁이 첫 새끼를 품었던 그때, 감히 어찌 그런 불온을 품었을까? 커다란 그의 손이 슬며시 손 잡아당겨 그의 코트

주머니로 향할 때, 머릿속엔 뜨거운 불길이 치솟았으나 조심스럽게 손을 빼던 가슴에는 자동차 바퀴에 눌려 비 젖은 가을 낙엽이 부서지고 있었다. 또 얼마큼의 세월이 흐른 뒤 바람이 전하는 그의 부고(訃告)에 마른 눈물로 흐느끼는 가슴 하나 있겠지!

시가 우리를 찾아 왔을 때

시가 우리를 찾아 왔을 때

- 시 읽는 밤

(2021년 4월~2021년 10월 격주 화요일)

좋은 시를 패러디하다 보면 시 쓰는 느낌을 알 수 있어요. 축구경기 보는 것 하고 비슷해요. 아, 여기서 공을 돌리는구나. 여기서 패스하는구나. 아, 여기서 코너킥하고, 저기서 헤딩하는구나. 그 느낌을 살려서 자꾸 해보면 나도 그렇게 할 수 있어요.

—이성복, 『무한화서』 가운데

〈패러디 시〉 우리가 극장에서 만난다면 – 송승언 시 패러디

우리가 극장에서 만난다면

/송승언/

언젠가 우리는 극장에서 만날 수도 있겠지. 너는 나를 모르고 나는 너를 모르는 채. 각자의 손에 각자의 팝콘과 콜라를 들고. 이제 어두운 실내로 들어갈 것이다. 여기가 어디인지 모르는 채. 의자를 찾아서 두리번거리지. 각자의 연인에게 보호받으며. 동공을 크게 열고, 숨을 잠깐 멈추고. 우리는 함께 영화를 볼 것이다. 우리가 함께 본 적이 있는. 어둠 속에서 사건들은 빛나고. 얼굴의 그늘을 밝히고. 우리가 잊힌 시간들을 생각하면서, 팝콘 한 움큼 쥐려다 서로의 팝콘 통을 잘못 뒤적거리고. 손이 엇갈릴 수도 있겠지. 영화가 뭘 말하고자 했는지 모르는 채. 깊이 없는 어둠으로부터. 너와 나는 혼자 나올 것이다. 두리번거리며, 눈깜빡이며. 그때 너와 나는 텅 빈 극장의 내부를 보게 된다. 한 손에 빈 콜라병을 들고서.

– 시집. 『철과 오크』 (문지, 2015)

우리가 길 위에서 만난다면

임혜미

언젠가 우리는 길 위에서 만날 수도 있겠지. 너는 나를 모르고 나도 너를 알아본 채, 각자의 일과 사랑을 들고, 앞을 보며 나아갈 것이다. 그 길의 끝에 무엇이 있는 모른 채, 다음 목적지를 찾아서 두리번거리지. 각자의 일의 무게를 가리고 동공을 크게 열고, 숨을 잠깐 멈추고, 우리는 함께 하늘을 볼 것이다. 우리가 함께 본 적있는 건물들 아래서 사건들은 빛나고, 얼굴의 그늘을 밝히고 우리가 서로를 잊으려 노력했던 시간들을 생각하면서, 서로의 손을 잡으려다 상처를 내고, 조금 울었을 수도 있겠지, 그 길 옆에 무엇이 있었는지 모르는 채, 깊이 없는 어둠으로부터, 너와 나는 그 길을 계속 걸어나갈 것이다. 그때 너와 나는 서로를 다시 마주보게 된다. 한 손에 빈 종이만을 들고서

우리가 병원에서 만난다면

우진숙

언젠가 우리는 병원에서 만날 수도 있겠지. 늘 즐겨입던 유행하던 패턴의 옷은 벗어버리고 모두가 같은 모양의, 같은 색의 옷으로 진한 메이크업도 지워진 조금은 심심해진 표정으로 그 동안 어느 곳에서, 어떻게 살아왔든 모두의 하루가 공평한 이곳에서 이제는 보이는 내가 아닌, 보이지 않는 내 속 깊은 곳을 비로서야 관찰하는 시간을 보내지 들어온 시간은 같을 수 있지만 나가는 시간은 저마다 다른 그곳, 우리가 만난다면, 너 그렇게 살지 마! 그때 왜 그랬니, 라는 물음표는 흰 시트 밑에 넣어버리고 말 거야 쌍꺼풀이 풀린 너의 눈을 그냥 가만히 쳐다보기만 할 거야 그냥 풀어진 너의 옷의 단추를 채워 줄 거야

우리가 술집에서 만난다면

유영지

언젠가 우리는 술집에서 만날 수도 있겠지, 너는 나를 모르고 나는 너를 모른 채, 각자의 어깨에 다른 팔을 두르고, 이제 소음 속으로 들어갈 것이다. 여기가 어디인지 모르는 채, 구석진 테이블을 찾아서 두리번거리지, 각자의 팔꿈치는 다른 곳을 향하며 처음 와 본 곳인양, 우리는 서로의 잔을 채울 것이다. 우리가 함께 마셔 본 적이 있는, 기포가 가득한 술잔은 찰랑거리고, 그때 함께 썼던 낡은 이름을 찾아서 벽면을 더듬다가 눈이 마주칠 수도 있겠지

우리가 기차에서 만난다면

박결이

언젠가 우리가 기차에서 만날 수도 있겠지, 너는 나를 모르고 나는 너를 알아본 채, 각자의 옆구리에 무엇이 있는지 모른 채, 이제 터널 속으로 들어갈 것이다. 여기가 어딘지 모르는 채, 터널 속의 빛만을 헤아리며 풍경이 펼쳐지길 기다리지 우리는 같은 레일을 지날 것이다. 누군가 지난 적 있는 열차 속에서 사건들은 멈추고, 얼굴들은 빛나고, 우리가 함께 일 수도 있을 것 같다. 그러나 너는 나보다 먼저 열차에서 내릴 것이다.

패러디 시

농담 한 송이

허수경

한 사람의 가장 서러운 곳으로 가서
농담 한 송이 따서 가져오고 싶다
그 아린 산 송이처럼 비리다가
끝끝내 서럽고 싶다
나비처럼 날아가다가 사라져도 좋을 만큼
살고 싶다

여름 바다

임혜미

한 사람의 서랍 가장 깊은 곳을 열어
바다를 꺼내 가져오고 싶다
그 아린 기억을 그리다가
끝끝내 모르고 싶다
바람처럼 지나가다가 지워져도 좋을 만큼
살고 싶다

〈기형도 시 읽기〉 내가 좋아하는 걸 너도 좋아해 준다면

> 가는 비는 사람들의 바지를 조금 적실뿐이다 그렇다면 죽은 사람의 음성은 이제 누구의 것일까 도무지 쓸데없는 것들에 관심이 많다고 우산을 쓴 친구들은 나에게 지적한다. 나는 안다. 가는 비는 사람을 선택하지 않으며 누구도 죽음에게 쉽사리 자수하지 않는다 그러나 어쩌랴. 하나뿐인 입을 막아 버리는 가는 비 오는 날, 사람들은 모두 젖은 길을 걸어야 한다.
>
> – 기형도 「가는 비 온다」 부분

가는 비는 사람들의 바지를 조금 적실뿐이다. 가는 비, 오는 날 사람들은 모두 젖은 길을 걸어야 한다. 그러니 도무지 쓸데없는 일이 아니다. 바지가 조금 젖는 순간에는 작은 수고로 원상복구 비슷하게라도 할 수 있다. 하지만 모른 채 두거나 자연스럽게 마르길 기다리면 마르긴 하지만 흔적이 남는다. 공들여 말린 것과 다른 흔적이다. 지속적으로 지켜봐야 한다. 우리의 무관심이 그들에게 "하나뿐인 입을 막아 버리는" 일이 발생한다.

아주 오랜 세월이 흐른 뒤에

힘없는 책갈피는 이 종이를 떨어뜨리리

—기형도 「질투는 나의 힘」 부분

지금껏 애써 온 시간이 나를 사랑하는 방향과 반대편을 향하지 않았나. 가치 있다고 생각해온 것들이 힘없이 떨어지고, 과거의 시간이 공중을 부유하는데 내 희망의 내용은 언제나 밖을 향하고 있지 않았나.

/박결이/

그러나 부러지지 않고 죽어 있는 날렵한 가지들은 추악하다

—기형도 「노인들」 부분

지금 죽어서라도 매달린 가지를 보며 우린 매일 쓴 소리를 외친다. 그런 우리도 언젠가 같은 모습으로 살아가면 어쩌나? 그렇게 싫든 그들의 모습이 우리의 모습이 되어 있으면 어쩌지? 우리 서로가 서로의 거울이 되어주자!

/김민선/

저녁 노을이 지면 신들의 상점엔 하나 둘 불이 켜지고/ 농부들은 작은 당나귀들과 함께 /성 안으로 사라지는 것이었다

—기형도 「숲으로 된 성벽」 부분

당신의 성벽은 외로움인가요? 외로움은 움직임 출발이에요. 당신의 외로움을 들려다 보려면, 어떤 망토를 입어야 할까요? 하얀 망토를 입고 성벽 안으로 들어가 보면, 회전목마에 앉아 있는 재미난 당신이 보여요. 같이 탈까요? 네 그래요. 같이 목마를 위에 올라 앉아요. 시간이 쏟아오르는, 땅속으로 스며드는지 알 수 없는 그때에 나는 또 망토를 성안으로 손이 뻗어와 오면 손들은 어두컴컴한 나뭇가지가 되어요. 그러니 걱정 말고 놀아요. 당신의 성이에요.

/박예희/

> 그리하여 나는 우선 여기에 짧은 글을 남겨둔다. 나의 생은 미친 듯이 사랑을 찾아 헤매었으나 단 한 번도 스스로를 사랑하지 않았노라
>
> –기형도 「질투는 나의 힘」 부분

E야, 이 시를 읽는데 왜 네 생각이 날까. 주변인 중 시를 읽어 줄 이가 너밖에 없었던 걸까. 너라면 이 시를 읽고 말없이 내 마음을 알아줄 것 같아서 였을까. 지금을 사랑하며 살고 있는지 모르겠다. 너만의 의지와 실행력으로 잘 살 거라는 걸 아는데 나는 왜 '사랑'이라는 단어에서 눈이 머무르는 걸까? 너와 있으면 얘기하다보면 내 속을 끄집어내게 하는 너의 질문을 맞으면 나는 내가 나를 사랑하지 않는다는 사실에, 현재가 슬프다는 사실에 숨이 막혀 그런가 봐.

/임혜미/

아침

우진숙

다시는 떠나지 않을
어둠이 꽁꽁 나를 에워싸고 있어요
그 검은 형체는 내 어깨를 짓누르고
다시 올 것 같지 않은 벽 속으로 나를 구겨넣어요

칠흑 같은 벽 속에서도 샘물은 흐르고 있으니
새하얗게 피어 누렇게 변했다가
노랗게 차오르는 치자열매가 떠올라요

빽빽한 유리창을 뚫고 내 책상에 앉고야 마는 볕처럼
그곳은,
갈라진 손등이 터지도록 밖에서 놀다가

그렇게 염치없이 들어와 손을 녹여도 되는 곳이었죠
밤새 식어가는 방바닥의 한기가 몸 휘감을 때
뭉근하게 두껍고 거친 엄마 손이 달궈지던 곳

그 틈으로
달그락달그락 밥 짓는 소리가
나를 깨우는 그 새벽을 넘어,
골목골목마다 모퉁이마다
멀리 혹은 가까이에 부스럭부스럭 발뒤꿈치를 들고서
슬프지도 기쁘지도 않은 덤덤한 얼굴로

내 심장 속 정든 그곳의, 그것들이
문득, 벅차게 내려앉는 어둠이 좋아요
그래야 아침이 오는 거니까요

장닭과 탱고

박예희

그날이 사라진 어느 날
문틈 사이로 부풀어 오르는 손짓과 약속들

치마를 들치는 지렁이
흉각은 부풀어 오르고
애증으로 가득 신념의 벼슬이 처마를 향하게 되고
숨죽여 있던 먼지들은 열이나기 시작한다.

장닭들의 호색함이 달구어지기 전이었고
별들의 꼭지점은 질량을 덜어낸다.
장닭은 식은땀을 내린다

벼슬은 아침이슬이 되고
도려내어진 붉은 살들은 처절한 소음이 된다.

살집 밑으로 헤쳐나오는 치열함
탱고의 숨결에 플래쉬를 터트린다.

서로를 이겨내려는 뜨거움으로 스스로를 비틀어낸다
떨어진다 꽃잎들

먼지들은 산새를 오르고
뱃속부터 알던 자물쇠는 서서히 녹여지고
뜨거움은 수없이 처연해 진다.

붉은 꽃잎들
춤을 멈춘다.

집밖이에요

박예희

왜 전화를 해요

아버지

새벽에는 눈을 감아야 해요

전화벨 같은 거 울리는 거 아니에요.

냄새가 나요 귀에서

야야

이 번호가 맞는기가

모르는 번호를 물어보면 어쨰요

43년간 들은 목소리 그대로네요

다행이에요

전화 목소리 밑에 깔려 있는 목소리 아세요

맞제

이상하다

알아볼게요

2평 남짓 공간에서 불침번을 쓰고

아버지

찰랑거리시던 목소리

이상하제

목소리는 옅어지고

알아본다던 목소리

집밖으로 나가고

쩝쩝대며 혀를 말더니

하루를 보낸다

그리고

고여있는 목소리를 개어내듯

기억한다

알아볼게요.

제주에서 온 편지

박예희

앉으세요
가지고 오신 모서리는 세워두시는 게 좋아요
제주도를 지나가던 비행기가
유난히 부산하던 기울기는
마주보며 헤어지고 있는 당신
다시는 일어나지 않을 잡초에
우리다 거기서 거기에 있는 거 아닌가요

가실려구요
심어진 모서리가 교란중이에요.
밟아주고 밟아지고 있어요
성공적이죠 화장실 문 밑으로 공룡 꼬리가

이제 우리 되도록
싸우지 말아요.

열심히 살다가 열심히 만나요

박예희

모르는 사실이지만
커피가 입맛에 안 맞아요
삼나무책상과 오동나무책상 사이에서 서성이다가
손가락에 힘을 빼고 주먹을 쥐어보았어요

매번 높낮이가 다른 향기가
검지손가락 흉을 보고 있어요.

손가락으로 글을 써야 한다고 배웠어요.
머리카락에 힘이 들어가면
커피로 씻어 내면 된다고 누가 그랬어요.

분칠되어지면 흩어지나요?
흘러가다가 막히면 다 나 때문인가요?
매번 쓰고 싶어져요
쓰다보면 떠나지 않고 문을 박아요
시멘트 바닥을 행갈이하고
화장실문을 마음으로 닦아내면
고양이에게 밥을 주면 되나요?

내일이에요
속상해요.

털 복숭아

김근태

가만히 다가가 손 내미는 순간
온몸 가시 세운 어미 고슴도치마냥
생존의 독기 품고 곤두세운 연하디 연한 삶의
기세에 눌려 다시금 한발짝 물러선다

알러지를 갖고 있던 동생으로
가까이 있었지만 늘 무심히 지나쳐야 했던 날

오늘은 나 혼자 용기 내어 화해를 청한다
씽크대 샤워 꼭지에서 쏟아지는 물줄기처럼
한껏 세운 미움이 사그라들 것
적어도 내겐 더 없이 안전하고 향기로와

용서라는 말

우진숙

오늘 식목일이예요
집 앞에 있는 전봇대 키를 훌쩍 넘는
은행나무 말이에요,
오빠도 기억나지요?
내가 3학년 때 우리 같이 심었었잖아요
늘 바쁘셨던 부모님도 그날 화단에 함께 모였었잖아요
나보다 작은 나무에 키 재 보는 사이
오빠는 자박자박 야무지게도 땅을 밟았었잖아요

우리는 잘 지내요
빈둥대던 아궁이가 찢어진 입을 쩍 벌리더니
지붕을 온통 시커멓게 삼켜 버린 일을 빼곤 말이에요

메마른 서까래가 시커멓게 타들어 가고
아랫방에 계시던 할아버지가
오빠를 찾다가 삼일 앓다 돌아가신 것 말고는… 별일은 없었어요
아 그리고 아버지도 작년

장날 옆에 같이 걸어가면
남들이 뒷모습을 훔칠 만큼 반듯했었다고 하지요
아버지 어깨가 빨랫줄 높이만큼 올라갔다 내려갔다 했다면서요

어딘가에 이끌려 그 길을 걸어보아요
먼지만 날릴 뿐 텅 빈 좁은 길을 터벅터벅 나 혼자 돌아옵니다
마침 늘어진 오후가 대청마루에 턱 걸쳐져 누워 있네요
나도 그 옆에 누워
애꿎은 붉은 하늘만 노려보곤 했었죠

은행이 너무 많이 떨어져
터진 은행의 숨 막히는 냄새가 내 발바닥이며, 차바퀴를 쑤시며 집 앞을 막아섰어요 코끝을 찌르는 그것이 내 창자에 스며들고 이상하게 끝에는 알

수 없는 식목일 냄새가 났죠.
　희망적이라는 말은 희망이 없을 때 쓰는 말인 거죠

　오빠 검은 대문 기억해요?
　대문을 뚫고 나가버릴까 엄마는 꽁꽁 잠가 뒀었는데
　희망은 돌아온다고 쪽문 열고 나가던 뒷모습 같았죠

　어젯밤 꿈에서 보았어요
　엄마가 장독 위에 떠다 놓은 맑은 물에 무뚝뚝한
　보름달이 빠지곤 하는 걸
　버드나무가 나를 덮칠 듯 오싹했죠
　어젯밤에 누군가 다녀간 것이 분명해
　그래서 내가 그렇게 잠을 뒤척였나 봐요

　그냥 아무 일 없었다는 듯
　녹슨 검은 문을 가로질러 누가 왔었어요
　더 이상은 묻지 않을게요
　나도 더이상 어리지 않거든요

두 팔이 가는 곳

임혜미

잠자리의 날갯짓이 느려진다
땅 위로 내려앉는다

그 자리에서 기대하는 건
먹이일지
적의 시야에서 가려지기 위함인지

아니면
그냥 쉼인지

땅 아래의 지렁이는
부지런히 움직여 주변을 어지럽히고

잠자리의 날개는 움직임이 없다

나는
어찌할 줄 모르고 멈춰있다

청소법

임혜미

밟으면 아플 만한 일부터 먼저 할 것
시작하기 전에는 얼만큼의 시간을 쓸지 미리 생각할 것
시작하고 나면 한 곳이라도 끝내려고 노력할 것

보기 싫고 지저분한 구석들을 외면하지 말 것
그 뒤에 있는 원래의 모습을 생각해 볼 것

괜히 시작한 건 아닌지
다른 일 먼저 해야 했는지
시계 보며 후회하느라 망설이는 손길이라도
들인 노력에 비해 변한 게 없는 그대로인 공간이라도
치워낸 먼지와 머리카락은 쓰레기봉투에 들어갔으니

지금까지 들인 시간과 노력이 아무것도 아니라는 좌절은
같이 쓰레기통에 넣어버리고
처음과 달라진 모습을 찾아보며 마음을 건져낼 것

엄마의 밭

박진선

아침에 가고
점심때 가고
그러고도 아쉬워서 저녁에
또 가본다

엄마는 이쁘다고 연신 눈웃음 지으며 말한다
얼마나 이쁜 줄 몰라
오늘은 또 이만큼 싹이 났어
전화기 너머 목소리

“엄마는 매일 보고도
그렇게 또 가서 보고 싶어요?

암수술 한지 얼마나 되었다고 그렇게 무리해서 몸을 쓰세요
무리하지 마세요"

엄마는 한 번이라도 잡초를 더 뽑고 싶고
한 번이라도 더 솎아주고 싶고
대를 대어 매어주고 싶단다
말려도 소용없다

휴가를 내서 친정으로 갔다
일주일 동안 엄마가 밭에는 얼씬도 못하게 하리라
마음을 굳게 먹고

'뭘하며 엄마랑 시간을 보내면
밭에 갈 생각이 안 드실까?
맛있는 요리를 할까?
경치 좋은 곳으로 다녀올가?
차박이 유행이라는 데 별 보러 갈까?
아니야 엄마는 밤에 주무셔야지.

그럼 노래를 불러드릴까?
춤을 출까?‘
이것저것 뭘 할지 오만가지 생각들

그러다 어느새 친정집 현관문 앞
문 열고 들어가니
엄마 아빠는 발보다 목이 먼저 마중나왔다
언제부터 기다리신 걸까?
발이 따라오지 못해 앞으로 넘어질 듯한데

‘까꿍~ 엄마아빠 큰딸 왔어요~~’
얼싸안고 볼을 비비고
엉덩이 팡팡할 때까지
몸을 엄마 아빠에게 내어준다

코로 들어오는 갓 지은 밥 냄새
압력밥솥에
폭폭 돌린 엄마밥 냄새~

독일제도 프랑스제도 아닌
시장표 밥솥인데
엄마밥 냄새는 기가 막히게 좋다

“어서 씻고 밥 먹자, 배 많이 고프지? 멀리서 온다고 힘들었지?
얼른 먹고 쉬어야지~, 바빠서 밥도 제대 못 챙기고 다니지?”
엄마의 걱정 담긴 물음을 들으며 눈으로 쓰윽 훑어보니
한 상이 가득
“엄마는 힘들게 왜 이렇게 반찬을 많이 했어요?
제가 먹으면 얼마나 먹는다고?
엄마 아프면 어쩌려고 이렇게 무리를 해서 일하세요?
나 온다고 매번 이러시면 저 이제 집에 안 올 거예요
엄마가 이러다 쓰러질까 봐 걱정되서 엄마가 일하시는 거 싫어요
저 아무것도 안 먹을 거예요”

아빠는 중간에서 나 한번 엄마 한번 쳐다보신다
일단 앉자
앉아서 얘기하자

엄마가 어제부터 한 번도 쉬지도 못하고
만든 요리인데
식으면 맛없다
일단 먹고 나서 얘기하자
네가 안 먹고 울고 있으면 엄마 마음이 너무 아프다

“아빠도 똑같아요
엄마를 좀 말리셔야죠
암수술하고 아직 회복되려면 한참 더 쉬셔야 해요
그러다 쓰러지면 어쩌려고 보고만 계셨어요?”

식탁 앞에서 울고불고 한참 실갱이를 하다가
엄마가 어떻게 만든 음식인데 그냥 버릴 수 없어서
앉아 한 수저를 뜬다
어쩌면 밥만 먹어도 이렇게 맛있을까?
“엄마, 엄마는 어떻게 밥도 맛있어요?”
내 말에 금세 환하게 웃으시는 걸 보니
괜히 울며 음식 많이 했다고 엄마를 타박했나 후회가 된다.

엄마는 마늘쫑은 어떻게 키웠는지
지금은 키가 얼마만하고 연하고 먹기 좋은지
손을 벌려 어림잡아 크기를 보여주신다
조금만 더 늦게 왔어도
이렇게 연한 마늘쫑은 먹지 못했을 것이라고
딱 맞게 잘 왔다고 하신다
내가 맛있다 맛있다 하며 잘 먹으니
엄마는 웃음 가득한 얼굴로
많이 먹으라고 내 앞으로 반찬을 옮겨주신다

이렇게 잘 먹는 딸 생각하니
밭에 나가는 게 즐겁고
채소들이 자라는 게 너무 신기하고
보기만 해도 좋다고 하신다
정성껏 잘 키워서
자식 먹일 생각에
매일 밭으로 나가신다
아무도 말릴 수가 없다

아침 강가에서

우진숙

집은 집의 시간을 다 채우고야
허물어졌다
높다란 담장보다 더 키가 큰
망초가 망을 보는 집
웅장한 지붕의 기와장 사이
송와가 비집고 올라와
뾰족뾰족 가시를 세우고 있는 집
아직 여기 무언가 있다고
담장을 길게 둘러선 백 년 은행나무들은
고개를 내밀어
성글고 퀴퀴한 열매를 연신 떨어뜨리고 있다
지나가는 자전거며, 자동차 바퀴 밑으로

기웃거리는 사람의 발바닥에도
집의 그늘은 묻어간다
아이를 낳고
따뜻한 밥술을 넘기던
집은 이제 온기를 꺼트린 채
강에 업혀 잠들어있다
그만 잊자고 잊자고 물결 아래로 떠내려가는데
올 때가 되었다며
늙은 노인이 더 늙은 집을 버리지 못해
웃자란 풀들이 지나가는 사람을 부르는
그런 집이 있었다
강가에는 안개가 많아
아침이 더디게 오는 그런 마을 있었다

*2021년 매일신문 한글 글짓기 공모전 운문부 대상

인연

유영지

귤 하나가
썩기 시작한다
순식간이다
뭉개진 귤을 꺼낸다
물큰하다
마지막까지 물러지지 않기 위해
귤은 얼마나 아팠을까?
온몸에서 흘러내린 진물을
짜내던 아버지가 허물어진 날
귤 한 봉지를 온통 쏟았는데
껍질과 속살이 하나로 뭉그러져
단단한 질서를 깨뜨리는 일

껍질과 함께 허물어진다
방어막이 뚫리는 순간
곰팡이의 포자는 아버지를
순식간에 잠식한다
어두운 복도 형광빛 포자를 날리며
제 몸이 썩어가는 것조차 잊은
귤이, 그 노랗고 단단한 귤이
썩어가고 있었던 것이다
박스가 열린다
뭉그러진 냄새가 서로를 비비며
한 박스 속에서 잡았던 손을 놓고
밖으로 끌려나간다 더 아픈 순서대로
진물을 뚝뚝 흘리며

*2021년 매일신문 한글 글짓기 공모전 운문부 차상

희망을 보았다면 너희들이겠지

희망을 보았다면 너희들이겠지

– 청소년 디딤돌 글쓰기

(2021년 4월~2021년 10월 매월 셋째 토요일)

나에게 삼일문고란?

/서형준, 운남중학교 1학년/

나는 다른 사람들에 비해 많은 것을 알지도 못하고 자주 오지 않지만 나에게 삼일문고란 지식 저장소이며 시간이 빨리 흐르는 곳 중 한 곳이다.

삼일문고에는 내가 읽고 싶은 모든 책이 있기 때문에 좋다. 아무리 좋더라도 조금 아쉬운 점이 몇 가지 있다. 우선 자주 오고 싶지만 집과는 거리가 조금 멀어 자동차를 타고 와야한다. 그리고 남자 화장실이 지하에 위치해 있어서 계단을 오르락 내리락 해야 해서 힘들다. 그런 점들이 있어 난 삼일문고에 오는 것이 더 좋은 것인지 모른다.

나에게 삼일문고란

/김채현, 봉곡중학교 1학년/

나에게 삼일문고란, 나의 힐링 캠핑장이다. 왜냐하면 엄마와 함께 책을 자주 보러 오는데, 올 때마다 새로운 책들이 많이 보이고 또, 나를 힘들게 했던 일들이 기억속에서 사라지는 느낌이 들기 때문이다. 나의 친구들은 모두 책을 좋아해서 도서관을 많이 가는데 도서관 말고 삼일문고에서 와서 좋아하는 장르의 책을 사 갈 수도 있기 때문이다.

나에게 삼일문고란

/석현준/

내가 삼일문고에 맨 처음으로 온 날, 그저 그냥 조그만 책방으로 알았는데 들어와 보고 놀랐다. 그냥 책방이 아니었기 때문에 내가 좋아하는 해리포터, 빨간 머리 앤, 등의 소설이 있어 좋았다. 그리고 책을 읽을 수 있게 의자가 있어서 도서관 같다는 느낌이 들었다.

나에게 삼일문고란

/진찬호/

나에게 삼일문고를 한마디로 표현하자면 '벌집' 이다. 자주 오지 않지만 문을 열고 들어오면 다른 세계에 들어온 느낌이다. 박혀 있는 꿀 같은 책들이 달콤한 흥미와 재미를 느끼게 하지만 따끔한 교훈을 주기도 한다. 다른 작가님을 만나면 책 속에 빠져 많은 것을 보기도 한다.

다자이 오사무 『인간실격』풍으로

부끄럼 많은 생애를 보냈습니다. 저는 인간의 삶이라는 것을 도무지 이해할 수 없습니다.

누구는 편하고 누구는 힘든

/초록연필, 도송중학교 1학년/

저는 명절이라는 것을 도무지 이해할 수 없습니다. 할머니가 살아계셨을 땐 할머니집 가는 것이 싫진 않았습니다. 사촌 동생, 언니도 모두 어렸기 때문에 제법 친했고 재미있게 놀았습니다만 그중에 이해하기 어렵고 싫었던 것도 있었습니다. 엄마는 너무 바빴고 아빠는 피곤하다며 자다가 작은 아빠가 오면 함께 술을 마시러 갔다가 너무 늦게 들어왔습니다. 사촌 동생은 어리고 언니는 말이 없어서 지루한 적도 많았습니다. 할머니가 돌아가신 후 우리 가족은 명절마다 아침 일찍 작은 아빠네 집에 가 제사만 드리고 점심 정도만 먹고 돌아왔습니다. 사촌 동생이 조금 어릴 땐 인사도 해주고 같이 놀기도 했습니다. 하지만 시간이 좀 지나곤 그냥 우리 가족이 기계가 된 것 같았습니다. 아침 일찍 일어나서 울산에 가서 어른들 끼리 정해진 비슷한 이야기를 하며 자다 일어나 의무적으로 인사를 하곤 들어가 버리는 사촌 동생, 언니까지 명절마다 작은 집에 가는 것이 1년에 2번씩 꼭 해야 하는 의식 같았습니다. 조금 불공평함을 느끼기도 했습니다. 저는 잠도 잘 못

자고 아침 일찍 일어나 오는데 사촌들은 우리가 오면 잠에서 깨어 대충 인사하고 들어가 다시 자버립니다. 말도 한번 걸어주지 않고 방으로 들어가 버렸습니다. 그럴 때마다 저는 소외감과 불평없이 그저 의무감에 엄마, 아빠를 따라온 저를 원망하고 가만히 있는 제가 너무 멍청해 보였습니다. 엄마는 집으로 돌아오는 길에 작은 집의 태도에 불평하면 아빠는 항상 달래어주는 척을 합니다. 엄마는 항상 아빠의 그 '척'이 마음이 들지 않아 아빠에게 삐졌습니다. 이런 일이 반복되니 이젠 가야한다는 의무감도 지워져 버린 것 같습니다. 저에게 명절은 의무적이고 항상 어려웠습니다. 명절은 그저 예법 중심 관념적 사고에서 나온 우리나라 좋지 못한 풍습을 담고 있는 것 같습니다. 누구는 편하고 누구는 힘든 이런 명절은 도무지 이해할 수가 없습니다.

마음만 먹으면

/귤, 운남중학교 1학년/

저는 명절이라는 것이 너무 좋습니다. 항상 할머니 집에 가면 사촌형, 사촌누나 그리고 동생들이 있었어 다같이 모여 게임도 하고 TV도 보고 저녁도 먹는 것이 즐거웠습니다. 하지만 코로나라는 바이러스가 생기면서 가족들이 다같이 모이지 못하게 되면서 명절이 갑자기 싫어졌습니다

명절에 가 봤자 할머니만 뵙고 사촌들은 보지 못하니 마음 한구석에 속상함이 있는 것 같습니다. 코로나 이전에는 명절을 손꼽아 기다리며 빨리 가자고, 언제 가냐면서 찡찡댔는데 이제는 가기 싫다고 엄마께 말하는 지경이 되어버렸습니다.

하루 빨리 코로나가 끝나고 다시 온가족이 모여서 같이 보드게임도 하고 가족끼리 여행도 갔으면 좋겠습니다. 사실 할머니 댁이 대구라서 마음만 먹으면 언제나 갈 수 있지만 우리는 바쁘다는 핑계를 대고 잘 가지 않는 것 같습니다.

좋기도 하고 싫기도 한

/미스테리, 도송중학교 1학년/

저에게 명절이라는 것이 저에게는 행복입니다. 저는 중학생이 되면서 가족들과 함께 하는 시간이 줄어들었습니다

그래서 저는 친척들도 만나고 가족들과 함께 할수 있는 그런 명절이 좋습니다. 물론 동생들이 많은 탓에 항상 아이들을 돌봅니다. 그런 덕에 저는 집안일, 명절을 가리지 않고 일을 좋아하게 되었습니다. 그렇다고 언제나 좋은 것만 아니어서 저는 명절이 좋지만 또 명절이 싫습니다. 그 이유는 바로 증조할머니 때문입니다. 저희 증조할머니께서는 전통주의 의식이 강한 분이라 남자들은 노는데 저는 일 만하는 것이 좋기도 하지만 싫을 때도 있습니다. 이러한 명절 때문에 명절 시즌만 되면 심부름으로 발바닥에 물집이 잡힙니다.

특히 저희 집은 추석에 백김치를 만듭니다. 외할버지께서 하시겠다고 하는데 증조할머니는 저에게 시키셔서 어른들의 말이라 거부하지 못하고 시키는 대로 하는 편입니다. 일을 돕는다는 건 분명 좋은 건데 가끔 힘들 때도 있다는 것을 말하고 싶을 뿐입니다.

초콜릿 같은 명절

/가야산, 도송중학교 1학년/

저는 명절이라는 것이 기대됩니다. 명절이 아닌 날에도 친척들과 만나고 싶지만 다들 너무 바빠 그럴 수 없습니다. 하지만 명절이 다가오면 그날이 너무 기대되고 친척들과 만나면 어디서부터 인사해야할지, 어떤 특선 영화를 봐야 할지, 어떤 말을 해야할지 멘트까지 준비할 정도입니다. 또 밤이면 마당에서 고기를 구워 먹곤하는데 그 연기가 제 눈에 들어와 눈물을 맺히게 하는 것이 즐겁습니다. 하지만 그 중 옥의 티로 안 좋은 점도 있습니다. 명절이 되면 평소와 다르게 좀 늦게 일어나고 싶은데 아침이면 큰 집에 차례를 지내러 가야 해 너무 일찍 일어납니다. 아침의 차가운 공기가 저의 살을 파고듭니다. 또 성묘하러 가야 한다며 큰집에서 어른들의 잔소리 세례를 받고 모처럼 쉬는데 산에 가자고 합니다. 저는 그때 귀찮음을 온몸으로 표출합니다. 하지만 어른들의 말을 회피할 수 없습니다. 그 산의 온갖 벌레며 습한 공기가 저의 증오 그 자체입니다. 달기도 하고 몸에 좋지도 않은 초콜릿 같습니다. 이제 초콜릿 같은 명절이 저의 손에 잡혀지고 있습니다.

왜 명절에 아무도 오지 않는 거지

/처음, 도송중학교 1학년/

저는 명절이 좋지도 싫지도 않습니다. 제가 원하는 명절은 시골집에 가면서 고속도로가 막히거나 마당에 모여 전을 굽거나 친척들과 노는 것이 저의 로망입니다. 하지만 저희 할머니집은 도보로 5분거리입니다. 제가 원하는 로망은 전혀 없습니다. 그냥 그저 제사 음식을 만들고 이야기를 조금 하다가 집에 오는 것이 전부입니다.

하지만 어른들의 이야기는 이해가 가지 않습니다. 더군다나 그 이야기에 끼어들 수도 그런 생각도 해본 적이 없습니다. 저는 그저 소파에 앉아 TV를 보거나 멍때리는 것 밖에는 할 것이 없습니다.

요즘 책도 재미없고 그렇습니다. 그렇다고 딱히 명절이 싫지만은 않습니다. 제사 음식도 조금 먹을 수 있고 할머니 손맛도 느낄 수 있어 좋습니다. 저는 외동이라 할머니 집에든 친척들이 자주 오진 않습니다. 항상 누가 오나 기대하지만 명절이 끝나도록 오지 않습니다.

왜 명절에 아무도 오지 않는 거지? 적어도 얼굴이라고 비춰야하지 않나라고 항상 생각합니다. 저도 이렇게 화가 나는데 할머니는 얼마나 화가 나고 외로우실까요? 저희 가족도 할머니 댁에는 자주 가지만 할머니는 다른 친척들이 많이 그리우실 것 같습니다.

외할머니께 너무 죄송합니다. 제사때만 거의 가고 제사 음식 만드는 걸 도와드리지 못하니까요. 다른 친척분들이 도와주시겠지, 라는 그 말이 너무 무책임한 것 같습니다. 앞으로 외할머니 집에 저라도 자주 가야겠다는 생각이 듭니다.

『맹탐정 고민 상담소』의 다른 버전

현재 자신이 처한 환경을 사랑한다면

자아가 근처에 있는 것이다.

고민 없는 사람은 없다

/사이다, 봉곡중학교 1학년/

Q 고민이 없는 사람은 잘 없다. 지금 나의 최대 고민은 가야산을 등산하는 것이다. 나의 체력이 원래 약해서 평소에 정상까지 올라가지 않았는데 정상을 찍는다니! 나의 심장은 벌써부터 벌렁벌렁 뛴다. 내일 등산을 가며 잘 못 따라온다고 꾸중을 들을까봐 내일 해 만큼은 천천히 떴으면 좋겠다.

A1. 나도 산에 올라가 본 적이 있는데 그땐 정말 힘들었지만 중간 중간 물을 마시면서 쉬다가 가니깐 괜찮았거든. 너도 한 번 그렇게 해 보는 게 어떨까? 내 말이 내일 너에게 도움이 되면 좋겠어. 그리고 물을 너무 자주 마시진 마! 배가 아플 수도 있고 오줌이 마려울 수도 있거든. 나도 산에 오르다가 배가 아팠는데 다리도 엄청 다파서 다시 내려가고 싶은 기분도 들었거든. 가야산은 들어보긴 했지만 가보진 못했는데 갔다와서 어땠는지 얘기해줘.

A2. 일단 체력이 약한 것을 고려해서 부모님께 미리 말씀드리고 중간중간 자주 쉬는 건 어떨까? 나는 금오산 정상까지 가 본적 있는데 그때 내가 초등학교 3학년 때라 엄청 힘들었어. 그래도 정상에 올라가니까 정말 마음이 개운하더라. 너도 그런 마음 가짐을 가지고 등산을 하면 조금 덜 힘들 거야. 내일 등산 힘내!

중간고사 기간인데

/처음, 봉곡중학교 1학년/

Q.요즘 나의 최대 고민은 중간고사다. 시험까지 약 2주에서 3주 5개의 과목은 할만 한데 한문은 도대체 왜 시험을 치는지 모르겠다. 솔직히 말하자면 한문 수업 때 딴짓을 좀 했다. 온라인 수업을 하면 유튜브를 보는데 수업 내용을 이해하거나 따라가는 것이 어렵다. 한문 시간만 되면 마음 속으로 열심히 해야지 하지만 정신 차리고 보니 모니터 화면에는 항상 게임창이나 유튜브가 켜져 있다. 이 상태로는 안 되겠다 싶어 모든 게임을 지워보았지만 소용이 없다. 계속 이 상황이 반복되니 어느새 시험 기간이다.

A1. 그래! 사실 나도 도덕 과목을 왜 시험 치는지 모르겠어. 하지만 이 과목을 통해 배울 수 있는 것은 무엇일까 생각하면 어느새 흥미를 느낄 거야. 잘 알지 못한 친구와 친구를 사귀어 본 적이 있니? 친구를 사귀는 것처럼 알아가다 보면 한문이라는 과목과 친구가 될 수 있을 거야. 한문과 친구되는 그날까지 파이팅!

A2. 사실 우리 학교는 한문을 배우지 않아 잘 알지 못하지만 나도 기술가정이라는 과목은 도대체 왜 시험을 치는지도 모르겠고 치기도 싫고 나는 커서 기술자가 되고 싶은 것도 아닌데 왜 배우지? 생각해 봤어. 너는 한문이 나와 같은 기분이 들겠다. 그래도 시험을 친다니 유튜브에 한문을 검색해서 영상을 함께 보며 공부해 보는 건 어때?

친구 마음을 푸는 방법

/미스테리, 봉곡중학교 1학년/

Q1. 미스테리 고민상담소의 첫 사연입니다. "안녕하세요. 올해 중학교 1학년인 익명의 학생입니다. 제가 집에 일이 있어서 학교서 컨디션이 많이 안 좋았는데요. 제가 많이 활발한 편이라서 친구들과 쉬는 시간 내내 이야기도 하고 놀았거든요. 그런데 제가 친구들을 무시하고 그 친구들과 놀지 않으려고 하는 것처럼 보일까 걱정이 되고 좀 두렵습니다. 어떻게 해야 친구들의 마음을 풀어 줄 수 있을까요? " 네, 지금까지 익명의 학생 사연이었습니다.

A1. 저도 이 사연과 비슷한 경험을 해 본 적이 있습니다. 저는 초등학교 6학년 때 친구들과 멀어진 적이 있습니다. 지금은 관계가 나아졌지만, 그때의 제 마음은 중학생이 되면 어차피 헤어지니까 친구들과 정리해야지, 라고 생각했습니다. 하지만 시간이 지나고 보니 제가 잘못 생각했었다는 걸 깨달았습니다. 휴대폰으로 연락하면 되는 것이였죠. 사연자와 같은 경우 제 생

각에는 컨디션이 좋든 안 좋든 먼저 다가가는 게 맞는 것 같습니다. 결국 시간이 지나면 멀어질 관계라면 멀어질 테니까요.

A2. 혹시 '슈퍼 거북'이라는 책을 읽어보았니? 그 이야기는 토끼와의 경주에서 이긴 거북이가 진짜 빠른 거북이 되려고 노력하는 이야기야. 하루도 빠짐없이 훈련한 거북이는 어느 새생기를 잃어 버렸지. 거북이는 토끼와의 재경기에서 져주며 다시 자신의 모습을 되찾지.

A3. 이처럼 너가 원래 활발하지 않았다고 걱정하지 말고 친구들에게 그날엔 조금 컨디션이 좋지 않았다고 솔직하게 말하면 다시 친구와 친해질 수 있을 거야.

시험이 어렵다고 해

/귤, 봉곡중학교 1학년/

Q. 요즘 고민이 생겼다. 시험이 20일 정도 밖에 남지 않았는데 선생님께서는 장난으로 그러시는지 진심이신지 시험범위를 1주일 전에 알려 주신다고 하신다. 첫 시험이기도 하고 우리 학교가 신설학교라 시험의 난이도도 모르고 선생님께서 어떻게 문제를 내시는지 몰라서 걱정이 된다.

A1. 내 생각에는 선생님이 신설학교라서 학생들에게 교과서 문제를 내기 힘들어서 그런 것 같기도 해 내가 그 학교를 다니는 게 아니라 잘 모르겠지만 힘을 냈으면 좋겠다. 그리고 선생님께 장난치지 말라고 말씀드려보는 건 어떨까? 우리 학교 선생님들께서도 학생들에게 시험 범위를 배우지 않은 2학년 문제를 낸다고 하셔서 우리반 학생들도 당황한 적이 있는데, 선생님께 똑바로 얘기해 달라고 하니까 똑바로 얘기해 주셨어, 그러니 너도 용기 내 봐!

A2. 제 생각에는 이때까지 배운 내용과 학교에서 공부 중인 범위를 집중적으로 보거나 풀어보는 게 쉬운 방법인 것 같습니다. 그리고 수업 중에 중요한 내용을 알수 있는 방법은 선생님께서 수업 중에 딴 이야기로 샌다면 그건 꼭 기억하시기 바랍니다. 왜냐면 그만큼 선생님께서 중요하게 생각하신다는 것이죠. 제가 말한 방법이 도움이 되었길 바랍니다.

〈국어시간에 시 읽기〉 우리는 우리식대로

시는 본 것을 쓰는 것이 아니라

느낀 것을 쓰는 것이다.

돌고 도는 계절의 순환. 다음 계절로 가려면 지금의 계절과 결별해야한다. 녹음을 위한 꽃과의 결별, 열매를 위한 녹음의 결별 그것은 축복이다. 더 머물겠다 고집피우지 않고 가야할 때에 가는 것의 아름다움. 다양하게 해석될 수 있는 시다. 뭐든 그렇지만 우리가 어떤 마음을 가지고 읽느냐에 따라 깊은 뜻이 담긴 시인 것 같다.

– 이형기의 「낙화」를 읽고 별이 생각

요즘 하루하루가 똑같고 지루하다고 생각드니? 오늘도 길 내일도 길 학원, 또 학원으로 숙제를 하지만 하루 하루에 귀를 기울이거나 매일 같은 길이라도 자세히 본다면 하나 하나가 새로울 거야. 윤동주 시인의 「새로운 길」이라는 시를 읽으며 너의 새로운 길에 대해 발을 디뎌봐! 길을 가며 너의 장애물, 쉼터를, 너의 도착지를 발견할 수 있을 거야.

– 윤동주 「새로운 길」을 읽고 창의 생각

학교 가는 길엔 너가 좋아하는 것들이 있니? 나는 한번도 그런 것들의 관심을 가지며 걸어간 적이 없는 것 같아.

이 시는 새로운 길에서 화자는 우리가 학교 갈 때 신호등을 건너고 횡단보도를 걸어가는 것처럼 냇가를 건너고 숲으로 고개를 넘어 마을로 가.

하지만 왜 이렇게 가는 길이 어려운지 매일 가는 건지는 잘 모르겠어. 우리는 학교에 공부하고 친구를 만나러 가잖아. 아마 이 시의 화자는 가는 길에 자신이 좋아하는 까치와 민들레가 있고 마을에 사람들이 있기 때문인 것 같아. 어떻게 매일 새로운 길이 생기는지 궁금하면, 이 시를 읽어 봐!

– 윤동주의 「새로운 길」을 읽고 친구 생각

내가 만약 길을 그린다면

/진찬호, 금오중학교 1학년/

커다란 나무들을 그릴 거야 지저귀는 새들도 그리고
행복하게 웃는 사람도 그리고 슬퍼서 우는 사람도 그릴 거야
하늘 나라로 간 도마뱀도 그리고 함께 여행가는 가족도 그릴 거야
싸우고 있는 친구도 그리고 씩씩하게 학교 가는 나도 그릴 거야

가끔 이 세상에 아침이 없다면

/김경민, 도송중학교 1학년/

새들이 지저귀는 소리를 듣지 못할 거야
우유배달원의 발걸음 소리도 듣지 못할 거야
아침에 들리던 알람 소리도 더 이상 듣지 못할 거야
달그락 달그락 엄마의 아침밥 짓는 소리도 듣지 못할 거야
이 세상에 아침이 사라진다면
정말 정말 심심할 거야

내가 그린 길

/서형준, 운남중학교 1학년/

누구나 쉽게 걸을 수 있는 내리막을 그릴 것이다
그럼 누구나 길을 걸으며 미소 지으며 하루를 시작할 수 있으니까
내리막을 다 그리고 나면
아무나 쉽게 오르지 못하는 경사진 길도 그릴 거야
무시무시한 괴물도 그릴 거야
그리고 나면 내가 갈 수 있는 가장 편한 길을 그릴 거야
다같이 모여 숨바꼭질을 하고 놀 수도 있을 거야

*김채원(봉곡중1), 진찬호(금오중1) 김경민(도송중1), 서형준(운남중1) 참여하였습니다. 때로 아이들의 자유로운 글쓰기를 위해 그날의 이름을 각자 붙여 그 이름을 원고에도 그대로 표기했음을 밝힙니다.

기억을 기록하는 책 읽기

기억을 기록하는 책 읽기
– 기억을 기록하는 독서회

(2021년 4월~2021년 10월 매월 넷째 금요일)

질투란 세상에서 가장 절망적인 감옥이다. 그것은 누군가의 힘으로 집어넣은 것이 아니라 죄인이 스스로를 가둔 감옥이기 때문이다. 스스로 감옥에 들어가 안에서 자물쇠를 채우고 열쇠를 철창 바깥으로 던져버린 것이다.

– 무라카미 하루키, 『색채가 없는 다자키 쓰쿠루와 그가 순례를 떠난 해』 가운데

질투를 보는 나

김근태

불교 경전에 등장하는 '공명조(共命鳥)' 라는 전설의 새 이야기는 목숨을 앗아간 질투에 대한 것이다. 몸은 하나이지만, 머리가 둘 달린 새인데 하나가 맛있는 열매를 혼자 먹자 다른 하나가 질투에 눈이 멀어 독버섯을 일부러 먹어 함께 죽어 버렸다는 얘기다. 드라마에서 보면 누가 봐도 능력 있고 합리적인 주인공이 누군가를 질투하게 되면서 아무도 이해할 수 없는 선택을 하여 파멸에 이르는 줄거리가 많다. 극적인 장면을 넣어야 시청률이 올라가는 속성상 그만큼 질투는 좋은 소재인 듯싶다.

왜 멀쩡한 사람이 질투라는 감정에 사로잡히면 비합리적이게 될까? 나는 질투에 빠진 적이 없었던가? 회사에서 나보다 잘 나가는 후배를 보면서 선배로서 정말로 기쁜 맘으로 축하해 주었나? 쿨한 척 멋진 선배인 척은 했었던 것 같다. 하지만 내 맘이 편치 않았던 건 분명하다. 나보다 가진 것도 없는 것 같은데 나보다 여유 있어 보이는 그 친구 앞에서 나는 초연했던가? 그 친구가 열심히 자랑해 대는 그 순간 부럽다는 감탄사를 보내면서 속으로는 나도 행복하다고 되뇌고 또 되뇌었다.

질투. 그 감정이 나쁘다는 것을 누구나 다 안다. 질투란 질투의 대상자는 전혀 눈치채지 못한다. 오직 질투하는 사람만이 힘들고 고통스럽다. 누구도 나에게 고통을 만들어 준 것이 아니다. 스스로 만드는 굴레이자 감옥이다. 무엇보다도 자기 파괴적인 감정이다. 질투해서 얻는 이득은 없다. 질투의 원인은 밑도 끝도 없는 비교에서 오는 상대적 빈곤감이다. 그게 금전적인 것일 수도, 심리적인 것일수도 있겠지만, 모두 자존감의 빈곤에서 오는 감정이다. 늘 나의 관점이 남이 아니라 내 자신이어야 한다는 것이 문학에서 뿐만 아니라, 삶의 태도에서도 중요한 명제인 듯 하다.

아이들은 충분한 사랑이 차지 않으면 완성될 수 없는 존재고, 보호자와 세상의 사랑이 차기를 기다리며 세월을 견디고 있다는 사실을 그제야 깨달았다.

우리가 이 아이들을 포기하지 않고 우리가 건네는 한 마디 위로의 말과 사랑의 힘을 회의하지 않는다면, 이 아이들이 언젠가 철이 들어 상처를 동여 매주며 눈물 흘리던 따뜻한 손길을 분명히 기억할 거라고 믿기로 했다.

– 박주영, 「어떤 양형 이유」 가운데

두 손 가득한 용서

서찬양

나는 11년차 초등교사다. 나와 같은 직업을 가진 이들끼리 주고받는 농담 중에 이런 말이 있다. '내 자식한테 하듯이 남의 자식한테 하고 남의 자식한테 하듯이 내 자식한테 하면 성공한다.' 남편을 만나 유부월드의 초밥이 되어 밥알같이 조그맣지만 소중한 아이들을 낳아 기르면서 이 말이 무슨 뜻인지 이해해 가는 중이다.

교실에 모인 남의 자식들 하나하나의 생활을 보듬다 보면 하루 해가 훌쩍 넘어간다. 집으로 돌아와서는 내 자식의 사생활을 과하게 침범하는 일이 없도록 한 눈은 감고 나머지 한 눈은 게눈처럼 흘깃대며 동태를 살핀다. 하늘이 내게 내려주신 오지랖이 넓고도 깊어서 가능한 일이다. 그것의 레이더는 대부분 어린이를 향한 폭력을 주시한다. 폭력의 크기는 상관없다. 다만 가해자와 피해자의 관계에서 위력의 방향이 중요하다. 어린이가 어른을 때렸을 때는 어른이 잘 가르치면 될 일이다. 내 경험으로 짐작하건대, 8세 미만의 어린이가 보이는 폭력성의 대부분은 의사소통수단 -즉, 언어적·비언어적 표현 - 의 학습 및 이해 부족과 관련되어 있다. 게다가 고의로 어른을 때린다고 해봤자 어른에게 치명타를 입힐 수 있는 어린 아이는 태어날 때부터 사이코패스가 아닌 이상 존재하지 않는다고 보아도 무방하다. 사이코패스가 아닌 나같이 평범한 성인들이 알게 모르게 아이들을 학대하는 일은 비일비재한데 말이다.

스무 살이 될 때까지 내가 부모님으로부터 직접 경험한 물리적 폭력은 두 번이었다. 자라면서 열두 번도 더 맞았다는 친구들이 내 주변에도 심심찮게 있는 걸로 봐서 우리 부모님이 나를 심각하게 학대한 것은 아니라고 생각한다. 그럼에도 불구하고 나는 그 기억이 아직도 또렷하다. 지금도 어떤 상황이 방아쇠가 되어 그 날의 감정과 공포가 밀려와 나를 압도하면 부모님과 대화를 원만하게 나누지 못하는 경우가 생기곤 한다.

이런 불편함을 아이들에게는 물려주고 싶지 않은 마음에 나의 오지랖은 집에서도 수시로 작동한다. 남편은 가끔 '네가 걱정하는 것보다 나는 우리 아이들에게 훨씬 잘하고 있다. 아이들과 나의 관계는 좋다.'고 내게 말한다. 물론 지금은 아이들이 어떤 식으로든 자신의 의사를 분명히 표현할 수 있는 나이가 되었기에 좀더 안심하고 지낸다. 하지만 아이들이 기저귀를 차고 옹알거리던 시절에는 남편의 손짓 하나, 말 한 마디에도 예민하게 반응했다.

큰 아이가 돌 지나 걸음마할 무렵의 어느 날이었다. 내가 화장실에서 얼굴을 씻고 있는 사이에 '팡' 하며 기저귀 치는 소리가 들렸고 이어서 큰 아이의 앵~하는 울음소리가 들렸다. 머릿속의 빨간 사이렌이 대번에 앵~ 울었다.

"애 때리지 말랬잖아!! 어?!"

얼굴의 물도 안 닦고 뛰쳐나와 고래고래 소리치는 나를 보며 남편은 억울함과 답답함이 섞인 복잡한 표정을 지었다. 기저귀는 드라마틱하게 큰 소리가 난다며, 오해라며, 애 잡을까봐 과민반응하는 데에 이젠 지쳤다며 남편은 자기 방으로 들어갔다.

그 일 이후 지금껏 나는 남편과 아이들의 상호작용에 너무 예민하게 반응하지 않으려고 부단히 노력을 하고 있다. 가족 내 레이더의 자동 발사에 대한 의도적 둔감화 작업을 하는 것이다. 아이들은 자라면서 점점 나의 도움 없이도 타인으로부터 스스로를 보호하며 살아갈 것이다. 그리고 그 연습과정은 부모와 함께 겪어야 한다. 내가 오지랖을 오지게 펼쳐서 세상에서 겪을 인간관계에 대해 아이들이 아빠와 연습하는 것을 가로막고 있지는 않은가, 수시로 자문한다.

학교에서도 마찬가지다. 학생들의 자율성을 해치지 않도록 지켜보되 도움이 꼭 필요한 학생들에게는 필요한 만큼의 조력과 안정된 환경을 제공하는 것이 내가 추구하는 교실의 방향이다. 나를 포함한 많은 선생님들이 이처럼 학생들을 존중하며 가르치고자 부단히 노력한다. 교사는 자신이 가진 오지랖을 보자기처럼 펼쳐서 추락할 위기에 놓인 학생이 낙하산을 타고 내려오듯이 보다 자연스럽게 자신의 현실에 내려앉을 수 있도록 도와준다. 소연이는 내가 건넨 말을 어떻게 생각했을까. 준수에게 도움을 건넸던 시점은 과연 적절했을까. 조금 더 자연스럽게 도와주었다면 좋았을 텐데. 아니다. 차라리 모른 척하는 게 더 나았을지도 모르겠다. 나는 수업 중에도, 쉬는 시간에도, 학생들이 집에 가고 없는 시간에도 수없이 생각해 본다.

이렇게 모든 학생에게 적절한 시기에 알맞은 크기의 낙하산이 주어진다면 참 좋겠지만 실제로는 그렇지 않다. 수요와 공급의 불균형이 큰 원인이다. 나는 한 사람인데 나의 오지랖이 필요한 사람은 여러 명이다. 내가 현재 근무하는 학교를 기준으로 볼 때, 한 반에는 평균 1-2명의 잠재적 위기 학생이 존재한다. 이들은 겉모습과 갈등유형은 서로 다르지만 공통적으로 애정과 관심의 부재로 인한 허기진 영혼을 가졌다. A는 친구가 없고 의사소통이 잘되지 않아 정신과적 치료가 필요해 보이지만 부모의 어긋난 기대 때문에 적절한 치료를 받지 못하고 우울증 증세를 호소한다. 좀처럼 수업 시간에 집중을 하지 못하고 딴 짓을 해서 선생님과 친구들에게 눈총을 자주 받는 B는 사실 시력이 너무 나빠졌으나 보호자가 그동안 안과에 데려가지 않았기 때문이었다. 컴퓨터게임과 스마트폰에 중독된 C는 이미 집에서 손을 놓은 지가 오래다. 다른 사람이 보는 가운데 화난 아버지에게 뺨을 맞은 D는 경찰도 힘을 쓰지 못하는 상황 속에서 아버지를 용서해야만 했다.

이런 학생이 한 반에 한 명만 있어도 교사는 오지랖을 있는 대로 부려야 한다. 길어봤자 겨우 1년인 시간이지만 그래도 그 동안에는 아이가 조금 숨을 쉴 수 있기 때문이다. 그런데 교실을 자세히 들여다보면 아이들은 저마다의 상처가 있고 관심과 사랑을 원하는 이유 또한 제각기 갖고 있다. 먹고살기 바빠서, 학원 다니기 바빠서, 마음을 말로 표현하기 어색해서 등의 이유로 가족과 친구가 채워주지 못하는 마음 주머니를 채우고 싶은 아이들은 물건도 훔치고 거짓말도 한다. 부모님께 혼나는 게 두려워서, 친구한테 버림받는 것이 두려워서 아이들은 학대와 방임을 자기 잘못으로 돌리고 견딘다.

그런 아이들을 만날 때마다 나는 넓고도 깊은 나의 오지랖의 무력함에 비참해진다. 삶의 낭떠러지 끝으로부터 몇 걸음 앞에 서 있는 아이들 손에 내가 쥐어줄 수 있는 거라고는 고작 내 품의 크기만한 보자기 하나뿐인 것이다. 이 물건은 혹여 네가 저 아래로 떨어질 때 이것을 의지하면 반드시 살 수 있을 거라고 자신 있게 이야기할 수 있을 만큼 튼튼하지는 않다는 사실을 나도, 아이도 이미 알고 있다. 하지만 그것이라도 아이의 손에 건네

주고 돌아서야 나의 남은 날이 덜 괴로울 것 같아서 굳이 손을 잡아 쥐어준다. 그래서 내 오지랖은 결국에는 나를 향해 펼쳐진 낙하산이라는 생각이 든다.

손에 쥔 것이라고는 오지랖밖에 없는 나는 교직생활 11년이 110년이 되어도 끝나지 않을 부끄러움을 안고 오늘을 산다. 가슴이 텅 빈 아이들 앞에 미안하고 부끄러운 어른 하나쯤 더 있다고 세상이 어떻게 되겠나 싶다. 그러나 세상이 이래서 미안하다 고개 숙여 사과하며 위로의 손을 내민 어른 한 명이 있음으로써 아이들이 세상을 살아갈 힘이 조금이라도 더 생긴다면, 나는 몇 번이고 고개를 숙이며 아이들의 두 손을 맞잡고 용서를 구하고 싶다.

이런 고통을 만나면 무엇을 해야 하나? … 어디서부터 시작해야 할지 몰랐다. 그럴 때 친절은 어떻게 전염될 수 있는가? 누군가는 시작을 해야 한다.

친절은 힘든 것이다. 친절에는 감정 이입이 필요하지만, 그것만으로는 충분치 않다. 유교 의례가 필요하다. 결혼과 졸업, 죽음처럼 인생에서 가장 중요한 순간에 우리가 의식을 치르는 데에는 이유가 있다. 이러한 사건들은 너무 강렬한 감정을 불러일으켜서 일이 계획대로 진행되지 않을 수 있다. 의례는 우리를 하나로 모아준다. 의례는 우리의 감정을 담을 그릇을 제공한다.

– 에릭 와이너, 『소크라테스 익스프레스』 가운데

감정을 담을 그릇

류효인

엄마에게 전화가 왔다. 정희가 퇴원했단다. 정희는 뱃속에서 일곱 달을 자란 아이를 유산하고 얼마 전까지 중환자실에 누워있던 사촌 여동생이다. 엄마는 정희네 집에 가야 할텐데 당장 오늘 저녁에 같이 가는 게 어떻겠냐고 물었다. 무슨, 어느 마트 냉장고 세일 시작하는 날도 아니고……. 나는 벌써 가도 되냐고 물었고 엄마는 막무가내로 된다고 했다. 나는 무슨 근거로 가도 되냐고 재차 물었고, 엄마는 고모, 즉 정희의 엄마와 통화를 했다고 했다. 투석을 받을 정도로 신장이 망가져 고모가 도와주러 정희네 집에 가 있다는데 와도 괜찮다고 했다는 것이다. 나는 진짜 왜들 저러나 싶었지만 이내 체념했다. 엄마한테서 말이 나온 이상 기한 안에 안 가면 나는 애미, 애비도 없이 어디 시궁창에서 건져진 애가 된다. 그들의 얼굴에 똥칠을 하게 되는 것이다. 또 가만 생각해 보니 정희에게 일어난 그 일이 기한을 두고 상태가 극적으로 호전되는 종류의 것도 아니고, 그렇다고 지금이니?

지금이니? 떠보며 딱 맞는 타이밍을 잡을 자신도 없었다. 해야 하는 일이라면 떠밀려서 해버리는 것도 방법이다 싶어 아홉 살 딸을 데리고 따라나섰다.

초인종을 누르자 인터폰 버튼으로 문이 열렸다. 집 안으로 들어가니 고모가 식탁을 치우며 '어서 와.' 했다. 식탁에서 밥을 먹던 정희는 엉덩이를 살짝 들어 '안녕하세요.' 인사를 하고 다시 앉아 먹던 것을 마저 먹었다. 온몸이 부어서 전에 알고 있던 모습이 아니었다. 아, 들어오자마자 불편했다. 고맙게도 고모가 밥은 먹었냐고 물어줘서 할 일이 생겼다. 딸 애를 못 먹였다는 핑계를 대며 밥이 남아 있으면 내 것까지 좀 달라고 뻰치를 떨었다. 엄마는 밥을 푸는 고모에게 대뜸 흰 봉투를 꺼내며 정희가 뭘 먹을 수나 있는지 몰라서 아무것도 안 사 왔다고, 고모가 알아서 나중에 사 먹이라고 돈을 주었다. 고모는 그냥 와도 되는데 뭘 이런 걸 챙기냐고 하며 받았다.

정희가 다 먹고 일어나 느기적 움직여 소파에 가 앉았다. 엄마는 때를 놓치지 않고 정희 옆에 앉아 정희 손을 낚아채며 준비한 말들을 아니, 어쩌면 엄마도 모르게 엄마에게 스며든 말들을 하기 시작했다. 난데없이 자꾸 운동을 하라니. 분명 어느 어른 병문안에서 들었던, 해 봤던 말일 것이다. 다 자란 애가 죽었는데 운동을 하라니. 정희는 땅바닥을 쳐다보며 겨우 네, 네 했고, 고모는 내내 설거지를 하고, 나는 딸의 밥에 반찬을 자꾸 올려주었다. 나도 무슨 말을 하긴 해야겠는데 속으로 아무리 말을 골라봐도 마땅한 말이 없었다. 전형적인 말은 엄마가 이미 다 해버렸고, 밥은 바닥을 드러내고, 나는 마감 시간에 몰렸다.

"정희 설마 삼성 좋아해?"

텔레비전에서 삼성과 한화의 야구 경기가 중계되고 있었다.

"응, 언니도 야구 봐?"

"왜 연고지라서?"

"응."

"넌 젊은 애가 연고지라고 응원을 하고 그러니? 삼성이랑 롯데는 유니폼 때문에도 무지 매력이 없어."

정희가 희미하게 웃으며 그렇긴 하다고 맞장구를 쳤다. 일어서며 정희에게 용기 내 다가가 내가 필요한 일이 있으면 언제든 편하게 톡 하라고, 기다리고 있겠다고, 정말로 하고 싶은 말을 했다. 정희가 소리 없이 웃었다.

돌아가는 엘리베이터 안에서 엄마는 '정희 표정이 안 좋네.'라며 그제야 뭐가 미안한 듯 얘기했다. 나도 그제야 '거봐, 내가 가도 되냐고 계속 물었잖아. 지금 재가 손님 받을 때냐고.'라며 쏘아붙였다. 하지만 엄마는 끝까지, '야. 동서도 왔다 간 모양이던데 어떻게 안 가냐. 할머니, 고모 보기 내가 뭐가 되냐?'고 항변했다.

정희에게 모래알만 한 위로라도 된 건지 모르겠다. 나는 오히려 더 미안해졌다. 하지만 때를 기다렸다고 한들 이것보다 더 안 미안하지는 않았을 것이다. 나는 곁의 사람들도 불편한 시간을 좀 감수해야 한다고 생각한다. 고통 속의 옆 사람을 바라보는 내가 불편한 것, 그가 정상이 아닌 모습으로 나를 신경 쓰이게 하는 것, 그 시간을 함께 견뎌주는 것도 옆의 도리라 생각한다. 그런데 엄마는 그 고통에 물을 붓고 흔들어서 빨리 희석시켜야 한다고 생각하는 것 같다. 당사자도 지켜보는 사람도, 빨리 벗어나서 평범한 상태의 삶을 살아야 한다고 생각하는 것 같다. 장단점이 50 대 50인 선택지 같다. 그런 문제에 있어선 어떤 선택도 절반의 후회를 남기기 마련이다. 그래서 엄마를 이상하게 보지 않기로 했다. 나와 다른 50의 사람들 역시 그저 조금이라도 덜 미안하려고 연극인 듯, 예의인 듯 살아가는 거니까.

결혼하지 않은 사람들이 결혼한 사람들에게 가장 어이없어하는 지점은 '자기들은 결혼했으면서 주변의 싱글들에겐 왜 '결혼 같은 거 하지 마라고 뜯어말리는가'이다. 결혼은 참으로 복잡하게 행복하고 복잡하게 불행하다.

사랑이 식은 건 아니지만, 평생 그를 사랑할 것 같다고도 생각하지만 결혼한 상태에선 상대를 사랑하고 위할수록 내가 없어지는 기분이 들기도 한다

– 임경선, 『평범한 결혼생활』 가운데

평범한 용서

황희순

임경선의 『평범한 결혼생활』 중 일부분이다. 이 글을 읽으면 생각나는 동생이 있다.

난 29살에 결혼을 해서 친정인 부산을 떠나 이곳에서 보금자리를 마련했다. 장밋빛 결혼생활을 기대할 만큼 어린 나이가 아니라서 정말 다행이었지 그렇지 않았다면 결혼생활이고 나발이고 다 버리고 어디로든 도망갔을 것이다. 욕으로 아침을 시작하고 욕으로 대화를 할수 있다는 게 신기할 정도로 꼴보기 싫은 사람이 내 곁에서 함께 있다는 게 괴로워 죽을 지경이었다. 그 어두운 시간을 겨우겨우 통과하고 햇살을 마주했을 때의 기분이란… 이라고 적고 싶다. 진심으로. 하지만 결혼생활 이란 게 복잡하고 행복하고 복잡하게 불행한 거였다.

그래서 결혼 후 3년쯤이 지난 어느 날 수미를 마주했을 때도 "수미야 지금 충분히 행복하지 않아? 꼭 결혼이 행복을 위한 길이라고 생각하지는 마"

라고 선배랍시고 너의 가슴을 도려내는 말을 꼭 해야했을까?

수미는 나보다 2살 어린 동생이었지만 사회생활을 일찍 시작해서인지 때론 나보다 어른스러웠다. 옷가게를 시작한다고, 부산에 내려오면 연락하라고해서 시간을 내어 찾아간 날이었다. 20대 초반에 만나 5년을 사랑하고 헤어진 옛사랑을 우연히 다시 만났고 그것이 인연이 되어 만남을 지속하고 있다고 했다. 그리고 결혼하고 싶다는 말도 함께였다.

상대편 집안에 맞추기 위해서 다시 공부를 시작한다는 말과 함께 온통 걱정뿐인 이야기를 들으며 마음이 복잡해졌다. 당시 카카오스토리에 올라오는 수미의 사진은 온통 여행 사진으로 도배가 되어있었고 늘 많은 사람속에 밝은 웃음을 짓는 사진이 많았다. 다시 만난 행복함도 있었겠지만 상대방과의 레벨을 걱정하던 동생을 보며 한 말이었는데 그때 싸늘하게 변하던 수미의 표정을 잊을 수가 없다. “언니는 행복하게 살면서 저는 이대로 지내야해요? 왜 축하해주지 않아요?” 그때 눈치를 챘어야했다. 누구보다 외로웠던 아이여서 그 누구에게도 어깨를 내주지 않던 아이였는데 그 어깨를 내가 밀쳐버린 거였다.

결혼생활의 기대감을 내비치던 너에게 상처투성이였던 내 지난 결혼생활을 이제야 겨우 봉합하고 있다고 말한들 너는 이해할 수 있었을까? 실망한 표정을 뒤로하고 아무 일도 없던 일처럼 다시 수다스러운 우리로 돌아왔지만, 그때 너의 비어버린 서운함을 난 알지 못했다.

그 일 이후로 연락이 끊겨버렸지만 다시 만난다면 꼭 전하고 싶은 말이 있다.

수미의 외로움을 잘 아는 사람이라서 그 외로움을 잘 껴안아 줄 것 같다고. 결혼 너무너무 축하한다고 말이다.

〈편집후기〉

활자에 담긴 우리의 웃음과 눈물과 시간이 소중하다. 글을 만지면 손에 따뜻함이 전해져 놓기 힘들 것 같다. 2021년의 사계절 동안 마주친 눈동자가 떠오르겠지.

보고 싶을 거예요. 여러분들의 눈빛과 웃음과 글이….

/임혜미/

나는 가면이 많은 사람입니다. 활짝 웃는 가면도 있고 우울한 가면도 가지고 있어서 어떤 가면을 써야 하는지 챙기느라 바쁜 사람입니다. 이곳에서는 적어도 가면을 쓰지 않았습니다. 온전히 나 자신으로 소통할 수 있었던 글쓰기 수업을 사랑합니다.

/황희순/

글쓰기를 하며 나는 나의 바닥을 보았다. 나는 나의 욕심을 보았다. 나는 나의 무게를 보았다. 드러내고 비추는 일이 거울처럼 쉽지 않아 늘 숨으려고 하고 숨기려고 했던 나를 보았던 시간. 매시간 주제를 받아들고 노트북 앞에서 하얀 백지 위를 깜박이기만 했다. 솔직해진다는 건 생각보다 어렵지만 그리 어렵지 않은 일이라는 걸 알아가는 시간이었다. 자신의 글을 쓰고 읽는 그 시간 마디마다 더 솔직해지는 다른 분들의 얘기를 들으며 나를 반성하고 몰아붙이기도 했다. 나의 한계를 알아가며 내가 글을 쓰고 또 시를 쓰는 이유를 좀 더 구체적이고 명확하게 생각하게 되는 시간이었다.

/유영지/

삼일문고를 좋아하고 글을 쓰고 싶어 한다는 것 외에는 별다른 공통점이 없어 보이던 우리. 6개월의 시간이 책이 되었다. 우리는 각자의 이야기를 쓸 뿐인데 그것들이 모여 우리의 이야기가 되었다. 글은 생명이 있다. 모여라! 모이자 하지 않아도 글은 어딘가의 접점을 찾아 서로 엉겨 자란다. 내가 흘린 눈물 속에 너의 흐느낌도 흘러가고 내가 내지른 탄성 속에 삶을 향한 너의 경이가 터져나온다. 우리는 2주마다 한 번씩 만나 2시간 동안 함께 울고 웃으면서 후련한 마음으로 돌아갔다. 내년 4월, 다시 만날 봄을 기다리며 겨우내 나눠 먹을 아름다움을 오늘도 주워 담는다.

/서찬양/

“저녁이 있는 삶”을 챙기기 시작하면서 가장 우선한 게 삼일문고에서 하는 강연회나 독서모임 등에 참여하는 것이었다. 2020년, 2021년 두 해를 이어 내내 우리 동네 서점에 많이 기대어 살고 있다. 그런 서점에서 글동무를, 책 친구를 만났다. 만월처럼 가득 찬 한 해였다. 삼일문고야 고마워! 임수현 시인님 감사해요.

/김민선/

나에게 글쓰기는 낯설다. 그래도 숙제이니 해야지 하는 조금의 의무감으로 어렵게 어렵게 일주일에 한 번 글쓰는 작은 즐거움을 느껴본다. 써 보니 아니 이런 초보가 따로 없다. 그래도 수업시간에 얼굴이 홍당무가 되어 가면서 기어드는 목소리로 읽고 내려간 후 쏟아지는 선생님의 응원의 목소리, “이런 표현 좋아요.” 과분하게 주는 칭찬에 나는 고래처럼 춤춘다. 늘 좋은 말씀 해 주시는 글쓰기 선생님께 무지무지 감사하단 말씀 드리고 싶다. 덕분에 많이 배우고 있다고….

/김근태/

글쓰기 수업을 마치고 삼일문고를 문을 밀고 나오면 하늘에 달이 환하게 비추고 있었다. 달 밝은 밤에 글쓰기 친구들과 함께 즐기는 그 시간이 참 좋았다. 살랑거리는 밤바람이 시를 읽고 문학을 즐기고 마음을 나눈 후 활짝 열린 마음까지 불어온다.

바로 헤어지기 아쉬워 발걸음은 서점 앞 가로등 밑에서 한참을 머문다. 그렇게 두런두런 여운을 즐기는 시간이 좋았다. 삼일문고 불이 꺼질 때까지 계속되었다. 아쉽게 다음 주를 기약하며 작별인사를 또 하고 또 하고 헤어진다. 이런 달밤, 이런 글동무들을 언제 다시 만날 수 있을까. 일주일에 한 번 만나는 임수현 작가님과의 수업은 일주일의 고단함을 날려버릴 행복한 바람이었다.

/박진선/

임수현 작가님과 함께한 시 수업은 코로나라는 특수한 상황에도 놓칠 수 없는 수업이었습니다. 복잡 미묘한 시를 읽으며 나 자신에게 삶의 각도를 가르쳐주고, 내 안에 숨겨진 내면의 힘을 느낄 수 있었습니다.

/박예희/

글쓰기를 좋아하고, 시를 사랑하는 제게 '임수현 선생님의 치유를 위한 글쓰기'는 상상 그 이상으로 의미 있는 소중한 시간이었습니다. 글쓰기는 '내 안에서 출발해야 한다'는 선생님의 첫 시간 말씀이 생각이 납니다. 매시간을 거듭하면서, 제 안의 복잡한 생각과 두서없는 생각을 마주하게 되었고, 그것들에 대해 생각하고 글로 표현하는 작업을 거치면서 제 내면이 조금씩 다듬어지고, 단단해지는 시간이었습니다. 글쓰기에 대한 강의는 많이 있지만, 실제로 우리가 글을 써보는 경험은 그리 많지 않은 듯합니다. 다양한 주제로, 한 줄이라도 자신의 생각을 꺼내어 쓸 수 있도록 격려해 주시고, 모든 선생님의 글에도 따뜻한 피드백으로 격려해 주신 임수현 선생님께 너무 감사드립니다. 함께 마음을 나누었던 선생님들에게도 감사하고, 오래 기억에 남을 것 같습니다. 만남의 제한이 있는 시대이지만, 앞으로 더 많은 분에게 이런 좋은 강의가 지속적으로 열려서, 함께 마주함으로, 더 마음이 따뜻해지고, 위로를 건네는 기회가 많이 주어지길 기대합니다.

/우진숙/